はじめての不動産投資

長谷川 高

WAVE出版

▲築年数が浅く、中も外も新しくてきれい。
人気物件で常に満室。

▶高台に位置していて眺めがよい。

[物件データ]

購入価格：7500万円

表面利回り：8.5%

物件データ：東急東横線菊名駅より徒歩6分、
一棟所有（2階建8戸、1K、17㎡～、委託管理）

家賃：6万5000円～7万円

築年数：2年

お金事情：自己資金2000万円、
借入金5500万円

1. Oさんの物件

▲角部屋の内観。大きな窓がしつらえてあり、住む人のことを考えた設計ということがわかる。

Oさん

職業：会社員
現在の住まい：賃貸マンション
購入時年齢：37歳
その他の所有物件：区分所有3室（売却済）、アパート1棟（岩手・花巻）

「空室が出にくい、ブランド力のある東急東横線沿線で投資物件を持ちたい」と考えた会社員のOさんが購入を決めたのは、菊名駅から歩いて6分と好立地の一棟アパート。立地の良さに加え、デザイン性の高い外観、落ち着いた周辺環境などは確かに魅力的だが、自己資金2000万円に加え、5500万円の融資を受けたと聞くと、どうしても不動産投資＝敷居が高いと感じてしまう。が、聞けば不動産投資デビューした30歳当時の自己資金は、親から借りた200万円のみ。ワンルームの区分所有を経て、3年前に岩手・花巻にある中古アパート一棟を格安の620万円で買い、これを軌道にのせたことで自信をつけたという。こうした経験から、最初は無理せず、自己資金300万円程度で買える小規模物件から「ノウハウを学んでステップアップすればいい」とのこと。仕事が忙しく、心身ともに参ってしまった時期に芽生えた「この先サラリーマンを続けていけるのか」、「会社の給料だけに頼りたくない」という思いが、不動産投資に取り組む契機になったというOさん。現在、家賃収入の総計は、およそ月65万円。会社を辞めようとは思わないが、いつ辞めてもいいと思える精神的、経済的自由を手に入れるために、月100万円を目標にしているとのことだ。

▼駅徒歩2分の恵まれた立地。

▼マンションのまわりをぐるりと花壇が取り囲む。

［物件データ］

購入価格：3400万円

表面利回り：5～6％前後を想定（家賃未定のため）

物件データ：東急大井町線尾山台駅より徒歩2分、区分所有（2階、1LDK＋納戸、50.95㎡／6階建て・40戸）

家賃：15～18万前後を予定

築年数：15年

お金事情：全額自己資金

2. Wさんの物件

▲単身者、ディンクスを意識した間取り。

Wさん

職業：会社経営
現在の住まい：持ち家
購入時年齢：50歳
その他の所有物件：区分所有2室

経営者のWさんは、万一の備えとして不動産投資を位置づけている。そのため、管理が良くて借り手がつきやすく、資産性が高い区分所有物件を選ぶようにしているとか。現地に足を運ばないまま投資物件を買い失敗した知人を見ていることから、利回りより、「自分が住みたいか」という自らのモノサシを優先。自身が生まれ育ち、犬の散歩や自転車での散策で土地勘のある城南エリアで物件探しをするのも、そんな姿勢の現われだ。今回購入した尾山台の物件は、築浅、駅近に加え、少子化が進む世相を踏まえ、単身者やディンクスに適した約50㎡という広さも、資産性の高さを感じさせた。大手から地場まで、地元の不動産会社を足を使って回り尽くしたWさんは、「不動産探しはまず人探しから。何かあったらすぐ聞ける専門家がいると心強い」と痛感している。尾山台の物件も、付き合いのあった、信頼できる営業担当者から紹介された。不動産コンサルタントにも助言を仰いでいるという。以前、契約当日に、営業担当者から事前に説明されていない事柄があると気付き、コンサルタントに相談したことがある。「一つでも引っかかるなら契約はやめたほうがいい。乗り遅れても、また次が来ますから」との言葉が今も心に残っているそうだ。

▲設計から関わった新築物件。

▶採光、収納、水周りの設備すべて、最新の仕様に。

[物件データ①]

購入価格：土地3100万円、建物2900万円

表面利回り：8.3%

物件データ：横浜市営地下鉄片倉町駅より徒歩10分、一棟所有（2階建6戸、1R+ロフト、約19㎡、自主管理）

家賃：6万3000円〜、共益費2000円

築年数：新築

お金事情：自己資金3500万円（うち土地3100万円、建物400万円）、借入金2500万円（建物）

3. Aさんの物件

[物件データ②]
購入価格：1550万円
（うち300万円はリノベーション費用）
表面利回り：8.34％
物件データ：JR東海道・横須賀線・
横浜市営地下鉄戸塚駅より
バス5分、徒歩2分、
一棟所有（2階建2戸、
1R、約21㎡、自主管理）
家賃：5万1000円〜、
管理費4000円
築年数：17年
お金事情：全額自己資金

▶一軒家をリフォームして
1LDK×2部屋に。
空室にならない優良物件。

Aさん

職業：学生
現在の住まい：親の持ち家
購入時年齢：物件①は26歳、物件②は24歳
その他の所有物件：アパート2棟（本郷台、藤沢）、区分所有3室（思うように手が入れられないことがストレスとなり売却済）

弱冠21歳でアパート等を相続したAさんは、看護学生と、4棟のアパートを所有する管理法人役員という、二足のワラジを履いている。格安戸建をリノベーションした戸塚の一棟アパート、土地の仕入れから建物・内装のデザインまでを手がけた片倉町の新築アパートなど、自分で楽しみながら手を入れて魅力ある物件を生み出し、空室リスクを軽減しているのが、Aさんの不動産投資の特徴だ。最初の頃は、悪質な売り主によるトラブルも経験したが、手をかけた分だけ成果が出る不動産投資の喜びや安定感は、株などとは比べものにならないとのこと。借り手に訴求する物件作りのための知識やアイデアを得る目的で、壁紙の張替えなどのリフォームを自ら行い、物件の構造や特性を理解するよう努めている。大家業と学業との両立について尋ねると、「本職にするほど大家の仕事は多くない」との返事。確定申告時期は慌しいものの、掃除等で物件を回るのは2週間〜2カ月に一度。家賃滞納者への催促は気が重い仕事だが、頻度は高くないとか。ゆくゆくは、看護師の資格や不動産投資で得たノウハウ、資産を活用し、児童養護施設を経営するのが夢だという。

4. Uさんの物件

Uさん

職業：自営
現在の住まい：持ち家
購入時年齢：42歳

自営のかたわら宅建等の資格を取得し、以前から興味のあった不動産投資に乗り出す機会を待っていたUさん。投資対象エリアを広げようと、半年かけて行ったことのない街を訪れてリサーチし、首都圏の街の9割を制覇したというから驚きだ。その後、4カ月を物件探しに費やし購入したのは、人通りの多い駅前商店街に位置する三軒茶屋のテナントビル。当初、テナントビルは空室リスクが高いと考えていた。しかし、さまざまな駅からの導線や買い物ゾーン、公園等を見て回るうち、立地が良ければ、下手なアパート・マンションより確実だと考えを変えたという。好立地が幸いし、テナントには100件もの問い合わせがあり、優良な飲食店に借りてもらうことができた。もともと自営だけに、テナントとの敷金や保証金等に関する駆け引きも、臆することはなかったそうだ。経営者経験がないと、テナントビルは荷が重そうだが、「コンサルタントなどプロに助言を仰げば、十分可能です」とのこと。

現在は自営の規模を縮小し、社会保険労務士の資格取得を目指している。投資によって勉強時間を捻出できる反面、家賃収入で家族を養っているため、プレッシャーも大きいとか。それゆえ、将来は資格を生かして開業することも考えているという。

[物件データ]
購入価格：1億円強
表面利回り：7%程度
物件データ：
東急田園都市線三軒茶屋駅より徒歩5分、テナントビル（3階建、店舗事務所3フロア、1階51.94㎡・2階52.28㎡・3階52.28㎡、委託管理）
家賃：非公表
築年数：21年
お金事情：
借入額2000万円程度

▲3階建ての1階部分が店舗。

はじめての
不動産投資

はじめに〜ある女性との出会い

約15年前のことです。

ある女性が弊社を訪ねて来られました。年齢は50代前半。物静かで品のある感じの方でしたが、少し体調が悪いのか声に力がありません。

彼女は、不動産投資向けのアパートを購入しようとしていました。

そのアパートが、投資物件として適正であるかどうかを調査してほしいという依頼でした。

調査したところ、致命的な問題が二つありましたので、リスクを詳細に説明し、投資を見合わせることになりました。

彼女は不動産にも不動産投資にも素人でしたが、とにかく、家賃を生むものにいち早く投資したいという焦りが見えましたので、私は危険なものを感じ、

「不動産投資は、そんなに簡単なものではありませんよ」

「良い物件はなかなか見つからないものですよ」

とお伝えしました。そして、少し強い口調で「やめたほうがいい」とアドバイスしました。

すると、その女性は、非常に思いつめた表情で、次のような事情を話してくれました。

・前年にご主人が亡くなられ、収入が途絶えてしまったこと
・しかし、彼女は体が弱く働くことができない
・子供が二人いて、二人のお子さんが大学を出るまでの学費及び生活費は、母子3人分で年間約500万円かかること
・ご主人が残してくれた預貯金と保険金があわせて約5千万円あること
・しかし、老後を考慮すると、この遺産を切り崩して生活をすることはできない
・何かに投資して、その配当や収入で毎年の生活費をまかないたい

私は、考え込んでしまいました。

「素人が、そう簡単に不動産投資で成功するわけがない」

このことは、大手不動産会社で働いていたときの経験から、私自身が痛いほど思い知らされていました。

「不動産投資は、バブル崩壊によってプロでも失敗した。当時、あれだけの会社や銀行が潰れたのだから……」

私は、彼女に不動産投資のリスクを一つひとつ説明し、「それなりのリスクを背負うことに

なりますよ」と、やはり素人の不動産投資に否定的である考えをお伝えしました。

しかし、彼女は非常に悲しそうな表情で、

「それでは、いったい何に投資して、私たちは食べていけばよいのですか？」

と聞かれました。

私は、押し黙ってしまいました。


そこから、彼女と私の不動産投資への大いなる挑戦がスタートしました。

彼女には、私がサラリーマン時代にやっていた営業方法をお教えし、それを不動産業者に対して行ってもらいました。そして同時に、不動産の見方や投資の基本的なことを徐々にお伝えしていきました。

物件情報の収集においては私もできるかぎりのお手伝いはしましたが、彼女自身が、精一杯、地道な努力を続けました。

彼女は3カ月以上にわたり、不動産仲介業者を飛び込みで回りました。週に一度ではなく、会社勤めしている営業マンと同じく家事の合間をぬって毎日業者通いをされました。

これは、我々の業界では「どぶさらい」と言われるつらい「営業活動」です。多くの「出回り物件＝投資不適格物件」から、数少ないダイヤモンド（またはその原石）を探す作業に似ていることからこう言われています。

いきなり知らない業者さんに飛び込むのは、男性でも勇気がいるものです。まして彼女は営業経験があるわけでもありません。でも、ひたすら地道に業者を一件一件回られました。

そして、努力と勉強の結果、ついに、中野駅周辺に年間の家賃収入が約５００万円というアパートを見つけてきました。

これは、とても良い物件でした。私自身、驚きました。中央線中野駅から5分という恵まれた立地の物件を探し出した彼女の努力に頭が下がりました。

私は、ほっとしたと同時に、

「こんな普通の方でも、勉強して努力さえすれば、良い結果が得られるのか」

という思いに至りました。

そのときから、個人の不動産投資活動を手伝っていこうと腹を決めました。

もしあのとき、不動産ではなく、投資信託や株式に投資していたならばどういった結果が出たでしょうか？

資産が2倍、3倍になったかもしれませんが、2分の1や3分の1になったかもしれません。

少なくとも、株式等からの配当だけでは、５千万円の原資では年間５００万円の収入を得ることはできないでしょう（日本の株式の配当は、せいぜい1〜3％台ですから、5千万円の投資でも年間配当が50万円から150万円がいいところです）。

もちろん、不動産投資にもリスクはあります。

しかし、彼女は、彼女の「事情」において、数ある投資の中から「不動産投資」という賢明な選択をされ、「適正な価値のある物件」を見つけ出し、結果として、家賃収入を得ることができました。実際、15年以上経った今現在も満室ですし、家賃も若干の低下に留まっています。

不動産投資というと、リスクが高く、素人が近づくものではないという一般的な印象があると思います。私もかつてそうでした。

しかし、地道にリスクを排除していけば、この女性のように、経済的な「大きな助け」を得ることができます。資産を数倍にすることはできませんが、生活を助けてもらうことは可能なのです。

彼女は、今も二人のお子さんとともに、このアパートからの家賃収入で質素ながら堅実に暮らしています。

これからの時代を一言で言い表すならば、「何が起こってもおかしくない時代」と言えます。

過去20年、日本に起こったことを振り返ってみてください。

20年前の不動産バブル崩壊と2008年のリーマン・ショック後の世界金融危機。さらに、阪神淡路大震災と東日本大震災という二つの大震災がこの狭い国を襲いました。

世界の大海に漂う小舟のような日本の未来を考えたときに、少なくとも経済面においては、夢のようなバラ色の世界が再びやってくるとは思えません。

わたしたちは今後押し寄せてくる大きな波風を、自らの「知恵」と「努力」で、どうにか凌いで航海を続ける必要があるのです。

その「知恵」の一つとなりうるのが不動産投資だと感じています。

私はかつて、大手不動産会社の投資担当者として、総額数百億円の不動産投資を行っていました。その後独立し、現在は一般の方に向けて、不動産購入や投資に関するコンサルティング・調査を行う会社を経営しています。また、自分自身も投資家として、大家業を営んでいます。

不動産業界に約25年在籍する者、つまり「プロ」として、

「これから不動産投資を始める方に絶対に知っておいていただきたいこと」

をまとめたのがこの本です。

物件の調査の仕方、選び方から、不動産業者さんとの付き合い方、情報の集め方、管理や税務の問題まで、基本の知識をすべて網羅しました。

断っておかなければなりませんが、この本は、

「誰でも簡単に大家さんになれる」とか、

「ゼロから始めて数年で資産○×億になる裏ワザ」

といった類いの書籍ではありません。

はっきり言って、地味で堅実なやり方を紹介しています。しかし、大企業の投資担当も行っているプロの手法を具体的に書きました。

なかでも、いちばん読んでいただきたいのは、その前提となる心がまえです。不動産投資の本質、メリットとデメリット。特に「リスク」について、多くページを割きました。

この本を通じて不動産投資について学び、家賃収入を得る体験をしてみてください。

そして、その「不動産が生み出すお金」が、経済的にも精神的にもみなさんの人生の助けになったら、著者としてこれ以上の幸せはございません。

長谷川高

目次

第4章 優良物件を選ぶために

第5章　お金の話

第6章 いよいよ物件を買う

ブックデザイン　水戸部功
写真　淺本竜二
イラスト　村上テツヤ
口絵取材　伊藤彩子
ＤＴＰ　津村朋子

第１章

「家賃収入」をイメージする

1・不動産投資という選択

不動産投資を始めるにあたって、絶対に心に入れておいてほしいことを、1章と2章で書いておこうと思います。

いますぐにでも投資を始めたい、だからそのために具体的に役立つ方法をすぐに教えてほしい、と思っていらっしゃる方も、必ずこの1章と2章を読んでから先に進んでください。

「不動産投資」というものの特徴を、頭ではなく、感覚で理解し染み込ませてから投資を始めてほしい。さらに、すべてを失うかもしれないリスクについて、十分に知りおいてほしいのです。

「貯金＝マイホーム」を見直す

毎月毎月一生懸命に貯金して、1千万円貯まったとします。

そのお金を何につかいますか？

ある程度のお金が貯まると、それを頭金にして自宅を買う。

これが長い間、日本人の常識でした。少なくとも、現在45歳以上の方はそういった気持ちが強く、さらに団塊の世代の方々はまずマイホームを買うのが当然であったと思います。

かつては、「夢のマイホーム」、「一国一城の主」という言葉があったように、「マイホームを所有するのが人生のゴール」ということが国民の共通認識でした。確かに、終身雇用が堅固なものであり土地がいつまでも右肩上がりだった時代では、誰もが損をせず、家を買うことで豊かさを感じることができたと思います。

しかし、こういった意識もバブル崩壊と長期不況により崩れ去り、「長期の住宅ローンを組むこと＝大きなリスクを背負うこと」と感じる世代が増えています。

ここで、最初の質問に戻ります。

毎月毎月貯金をし、1千万円の貯金ができたとき、このお金をあなたならどうつかいますか？

前述したように古い世代の方はおそらくこれを頭金に自宅を購入すると答えるでしょう。持ち家に興味のない方は、ブランド品や高級外車、ヨット、もしくは海外旅行につかうかもしれませんね。

しかしもう一つ、別の選択肢があります。

それが不動産を買うという選択です。

たとえば、約1千万円の投資用中古マンションを買ったとします。表面利回り12％（利回りについては１８４ページに詳説）の物件を買えた場合、年間の家賃収入は１２０万円となり、毎月10万円の賃料収入を得ることになります。もちろん、実際にはこの収入から諸経費や税金を引かなければなりませんが、大まかにいえば、まったく働くことなく、毎月10万円のお金を手にすることができます（「不労所得」といいます）。

また、自己資金1千万円プラス銀行から1千万円借りて、2千万円の投資用マンションを買ったとします。同じく12％表面利回りがあった場合、家賃収入は年間約２４０万円になります。この２４０万円から銀行への月々の返済を引き、なおかつ諸経費や税金を引かなければなりませんが、それを引いてもより多くの手取りが残ることになります。

お金をつかう「順序」が決め手

どちらにしても、まずはある程度のお金を貯める必要があります。しかし、みなさんが一般的なサラリーマンやＯＬであるならば、はたして1千万円を貯金するということは不可能なことでしょうか？

ある程度の期間一生懸命働いて、ボーナスや給与の一部を貯金に回せば、実現できる金額ではないでしょうか。

そのとき、その貯金で高級外車を買うのか、自宅を買うのか、収益不動産を買うのか、ここでその後の人生におけるお金の流れが大きく分かれてきます。

ほとんどの「買い物」は、買ったあとにでもマイナスのキャッシュフロー（お金が出ていくこと）しか生じないものです。

自宅を長期ローンで買えば当然ながら月々の返済。マンションなら管理費、修繕積立金。戸建てでも数年に1回の修繕費用は出ていきます。

高級外車を購入すれば、毎年の保険料、税金、車検費用、駐車場代金、修理代といったマイナスが確実に発生していきます。

しかし、前項の利回り12%のマンションを買ったとします。すると、家賃収入毎月10万円というプラスのキャッシュフローが生まれます。

月々30万円の給与収入に、10万円の家賃収入がプラスされたと想定してください。みなさんの精神的な余裕や購買能力はかなりアップするのではないでしょうか?

この家賃収入をマイホームのための頭金にしてもいいですし、車や洋服などを買ってもいいでしょう。ここでさらに倹約に努めて貯金をし、この家賃収入をも貯蓄に回すのであれば次の1千万円を貯めるまでには飛躍的に時間が短縮できるはずです。

1千万円を貯めることが難しいと感じる方は、100万円でも300万円でも貯めてみてください。この程度の金額からでもキャッシュフローを生む投資は始められます。

私が提案したいのは、まずお金が貯まったときにプラスのキャッシュフローを生むものを購入し、その「もの」から生まれるお金が潤沢になった時点で、贅沢品や自宅を買うという「順序」の大切さなのです。

お金を生み出すもの
株
プラス
お金が出ていくもの
マイナス

2・どうして株ではなく不動産なのか

ミドルリスク・ミドルリターン

宝くじにでも当たらない限り、「無」からいきなりお金持ちや資産家になることはありえません。

お金を増やすには、まずは一生懸命働き、貯蓄をし、さらに倹約に努めるというのが、いつの時代も誰においても大原則です。

しかし、この貯金をさらに殖やす方法として、現在の日本にはなかなかよい選択肢がないのです。

かつて郵便局や銀行でも、「10年定期で年利約7％」という商品が存在した高金利時代がありました（1980年代のことです）。

人々が郵便局や金融機関にこぞって列を成した風景をよく覚えています。毎年7％ずつ複利で増えていくということは、10年間で資産が倍になるというすごいことなのです！

手元に電卓があるならば、1・07を10乗してみてください。300万円の預金を年利7％で10年預けておけば、複利効果により600万円になるのです。

残念ながら現在の日本においては、どの銀行の定期預金も1％以下、10年ものの長期国債でさえも1％以下にとどまっています。超低金利時代が続いているのです。

株式投資やFX投資は、10年間で10倍に資産を殖やす可能性もあります。でも、最初の1年間であっという間に3分の1になるリスクも含んでおり、いわゆるハイリスク・ハイリターン商品なのです。

ローリスク・ローリターンの定期預金や長期国債と、ハイリスク・ハイリターンの株式やFX投資の中間に、「不動産投資」があると私は思います。資産が2倍、3倍にならないかわりに、どんなに下落しても「ゼロ」にはなりません。

つまり、リスクもリターンも「ミドル」なのです。

「わかる」感覚が大事

不動産投資は、元本保証ではありませんし、投資というからには非常に難しいものではないかと考える方も多いでしょう。

しかし私は、金融や経済にそれほど詳しくない、普通の方にとって、リスクヘッジしやすいものだと考えています。

たとえば、誰もが知っているトヨタ自動車やユニクロ。日本を代表する優良企業ですが、これからも将来にわたって成長し続けていく確信がもてるでしょうか？　これは、おそらくその企業の経営者にも確信できないことではないかと思います。

株式投資をする場合、投資対象の企業の有価証券報告書や年次報告書または社長のインタビュー記事を読み、さらに株主総会に出席したとしても、その企業や経営者の質や財務内容、将来の収益を個人投資家が正確に分析することはきわめて難しいといえます。これはプロの証券アナリストにとっても同様にとても困難なことなのです。

先ほど例に出したトヨタ自動車やユニクロなどの優良企業ですら、その内部で将来に向けて何が研究開発されているか、自分の目で確認することはできません。

一方、不動産投資の場合、その不動産そのものを自分の目で見ることができます。不動産の立地、周辺環境、建物のプラン、賃料相場などから、現状の物件の良し悪しは、たとえ素人でも「見ればわかる」ことが多く、そして実際に「見ることができる」のです（ただしこれは自分がよく知るエリア、立地についてであり、自分がまったく知らない地域での投資はこの限りではありません）。

さらに、周辺に競合物件がどの程度建ち並び、将来的にどの程度物件が供給されていくのかといったことも、地域を詳しく調べれば素人の個人投資家でも判断できると思います。つまり自分の知らない企業への株式投資を行うことに比べれば、実物の不動産を自ら調べることができる不動産への投資判断は、より確信をもって行うことができるでしょう。

私が、「普通の人こそ、株式よりも不動産投資を考えてみてほしい」と思う理由は、この「わかる感覚」こそが、最も大切だと考えているからです。

投資商品を「つくる」という新感覚

また、不動産は自分の目で見て確かめ、自分で選び、手直しをすることでバリューアップを図ることもできます。

自分自身がこんな部屋なら住みたいと思える部屋をコーディネートし、自分と同じ感覚をもった方に住んでいただく。

これは、単純に収益を生む事業としての喜び以上のものがあります。

私は、先日、東急大井町線沿線に築46年マンションの一室（約48㎡）を買い求め、「古くても立地がよくて広いマンションに住みたい団塊のジュニア世代」をイメージしてリノベーションしてみました。

このマンションはもともと企業の社宅だったもので、骨董品のような古いマンションです。しかし、東急大井町線・駅徒歩2分であれば将来の空室リスクはある程度おさえられると判断しました。

間取りは昔の公団のいわゆる「団地」の様式。それを女性にも喜んで住んでもらえるように改装しました。

キッチンと洗面台をグレードの高いものに換え、床は木目の美しいフローリングに張り替えました。壁紙も、30代の働く女性を意識して、シックで落ち着いたものに変更し、全体のトーンを統一しました。

リフォーム代は、約40万円で済みました。

賃借人の女性と契約時にお会いしたのですが、「駅に近くて、広くて、家賃も安くて、内装も気に入ってます。長く住みたいと思っています」と言っていただきました。

購入金額＋リフォーム代の投資金額、約1千万円に対して、家賃収入は、年間約120万円です。

特徴のある物件を市場に供給し、競争力をもたせるという意味だけでなく、自分と同じ趣味嗜好の賃借人に向けて、自らデザインしてつくり込む楽しさも不動産投資にはあるのです（ただし、あまりに奇抜なものをつくってしまうと、マイノリティーにしか支持されない＝なかなか空室が埋まらない物件となってしまうのでご注意を）。

最近は家具付きマンションの需要も増えていて、自分のセンスで中古の家具をあらかじめ備え付けて貸すという楽しみもあります。

つまり自分の感覚を活かして、自分の属する層に向けて提案することで、不動産の収益がアップし価値が上昇するという、株式投資では体験できない喜びを味わうことができるのです。

働かないでお金を得る、本当の豊かさ

ところで、利回り10％とはどんな世界なのでしょうか?

会社員として働き貯蓄に励んだ結果１２００万円の貯蓄ができたとしましょう。これを利回り10％のマンション１戸に投資したとすると、毎月10万円、年間では１２０万円の家賃収入という不労所得が入ってくることになります。

ここでいくつもの選択肢が生まれてきます。この１２０万円と給料からの貯金を合わせて数年後にまた同じような投資をするという選択、または、毎月少しずつ、同じような利回りのリート（不動産投資信託。75ページで詳説）を買い続けていくという選択、これにより資産は先ほどの複利計算でもわかるように急速に増大化していくことになります。

もちろん、資産を増やすという以外に、豪華な海外旅行を楽しんだり、好きなものを購入したり、趣味やプライベートの充実に充てることもできるでしょう。家賃収入がさらに

増えればセミリタイヤし、仕事をせずに悠々自適な生活を楽しまれる方もいます。

「キャッシュを生む資産を殖やす」＝「経済的に自由になる」ことを説明すると、

「そんなにお金はほしくない」

「身の程でいい」

とおっしゃる方がいます。

私は実は、この感覚はとてもまっとうだと思います。一生懸命働き、それに見合う収入を得ることは、尊い営みです。

ただ、長年、不動産に関わる仕事をしてきたなかで、単純に「お金持ちになって贅沢をする」のではなく、困ったとき家賃収入に助けられたり、また、社会的に意義のある活動をされている方をたくさん見てきました。

そして、働く必要のないほどお金持ちになったあとも、さらに充実した仕事をしている方も多いのです。

取引先の経営者で、不動産投資により潤沢な不労所得を得ている方がいます。お金儲けをする必要がないので、ボランティア的に損得を考えないでなんでも仕事を引き受けているのですが、損をするどころか彼を慕って多くの人が集まり、それゆえ仕事がさらに増えて、会社はますます繁盛しているという最高の循環が生まれているのです。

また、自分が本当につきたかったけれども決断できなかった職業に思い切って転職するという選択もできるでしょう。たとえばいまの日本に残された大切な産業である「農業」に挑戦することもできます。または、田舎に移り住んで半自給自足という選択も「経済的に」可能になってくるかと思います。

私自身は、不労所得を得たときさらにそれを投資し、それまで同様に働き続けることを選ぶ人間ですが、この経済的安定が精神的なゆとりとなり、よい仕事のサイクルを描いていくことを感じます。

読者のみなさんも、選択肢は無限に広がってくるのではないかと思います。

たかが月10万円の不労所得と思われるかもしれませんが、されど月10万円です。

投資したお金に働いてもらって、自分のライフスタイルを変えていく。このことを、ミドルリスクで実現できるのが不動産投資の素晴らしさだと思います。

3・リスクを必ず知ること

多くを、失うかもしれない

みなさんのなかで少しずつ、「不動産投資」の現実的なイメージがつかめてきたでしょうか。

水をさすようですが、ここでリスク（マイナス面）についてお話ししたいと思います。不動産投資のリスクを理解せず、そしてきちんとした勉強と地道な努力をせずに「うまい話」に乗り、財産も家族も失った人を何人も見ています。

地元で何代も続く町のお医者さんで、腕も良くて地域の人に信頼されている人物が、ある日かかってきた一本の営業電話に軽い気持ちで乗って誤った判断で不動産投資をしてしまい、結果的に家も病院も失ってしまった例も知っています。

不動産は、元来高い買い物ですので、身の程をはるかに超えた借り入れを起こし、無理なローンと誤った投資判断が合わされば加速度的に本業を脅かし、破滅へと向かいます。

これから説明するリスクを、一字一句飛ばさずにじっくり読んでいただきたいと思います。

リスク1　頭金ゼロ

不動産投資をすすめる本はたくさん出版されています。そして、その中の一部において、「利回りの高い物件を頭金なしの全額ローンによって購入すること」をあたかもすすめているようなケースが多く見受けられます。これは、非常に危険なことだと私は思っています。

ここでは、頭金なしに（つまり手持ちのキャッシュなしに）全額ローンで購入することのメリットとリスクを、検証していきたいと思います。

全額ローンで借りることができれば、誰でもたやすく不動産投資ができるように思われるかもしれません。これは半分は本当のことであり、残り半分は実際には厳しいハードルがあります。

ためしに、一つのシミュレーションをしてみたいと思います。

金額5千万円の一棟の鉄筋コンクリート造マンションの投資物件があり、その表面利回りを10％とします。この物件を30年の長期の全額ローンを組んで購入したと仮定しましょう。

もちろん5千万円の投資物件を購入するには諸経費や税金がかかりますが、ここではこの金額だけは自分で持ち出したことにします。

4％（仮定）の固定金利で30年借りた場合、元利均等払いによる毎月の返済額は、約23万9千円になります。

表面利回り10％ということは、年間の固定資産税その他経費を引いたら、おおよその実質利回りは約9％になり、この場合の手取りの賃料収入は年間450万円、ひと月あたりでは37万5千円となります。ここから月々の支払い23万9千円を差し引くと、ひと月13万6千円が手元に残ることになります。

なんと、頭金なしで全額ローンで5千万円の物件を購入しても、差し引いて月々13万6千円の利益が出るわけです。さらに同じような物件を、5棟購入できれば、表面上は毎月

68万円の手取りが生まれることになります。

そして、総資産は5千万円×5棟ですので2億5千万円となります。

この投資家は、こう言うでしょう。

「私は資産2億5千万円の不動産を持っており、毎月の家賃収入は１８７万5千円になります」

もしも彼を雑誌で見かければ、みなさんは「すごい人がいるな」「自分にもできるかもしれない」と思うかもしれません（実際、こういった成功手法を謳い文句に、ノウハウを売り物にして儲けようとする人が最近増えているように思います）。

しかし、この投資家の実際の手元に残る金額は１８７万5千円ではなく68万円でしかないのです。借りたお金を毎月返済しなければなりませんから。

68万円でも手元に残るのであれば、もともとなんら自分の資金を使っていないわけですから、大変素晴らしいことではないかと思われるかもしれません。

しかし、この不動産投資は非常に大きなリスクを抱えているのです。

まず第一のリスク。借り入れ金利が上昇した場合を考えてみましょう。

投資物件を買うにあたって利用できるローン（アパートローン等）は、基本的に変動金

マンションオーナー
資産
2億5千万円
です!!
でも…借金
2億円!

利になります（自宅購入する場合のフラット35のように長期の固定金利で借りることは現実的には不可能です）。

仮に、金利が８％まで上昇したと想定してみましょう。

短期間で４％から８％に金利が急上昇することはないと思われますが、かつて不動産バブル期の日本経済においては長期金利８％というのが当たり前でした。

８％の金利となりますと、毎月の銀行への返済額は約36万７千円になります。この場合、賃料収入の37万５千円との差し引き額は、８千円にしかなりません。

次に、家賃の下落と空室のリスクも考慮にいれなければなりません。月々の家賃収入37万５千円は、この先30年間にわたって家賃が下がることなく空室がないことを前提にシミュレーションしています。

はたして、人口が減少していく日本においてそういう前提は成り立つでしょうか？

建物が毎年老朽化し、経年劣化していく前提において、長期にわたり同額の家賃を設定することができるでしょうか？

頭金2千万円用意した場合

恐ろしいことに、頭金なしで（レバレッジを最大限に効かせて）、投資用不動産を購入することは金融機関の判断次第で物理的にはできてしまうのです。ただし、いま簡単に説明したように、いくら10％以上の利回りであっても、非常に大きなリスクを背負うことになるのです。

家賃が下がり、空室率が上昇し、金利が上がった場合には、月々数万円から数十万円の持ち出しが発生し、その場合は個人投資家の本業である自分の給与からこれを返済していかねばならなくなります。

金融機関は、物件の担保価値だけを見てお金を貸すのではありません。購入者個々の年収や勤め先なども審査対象とします。家賃収入でアパートローンの返済ができない場合に、本業の給与所得から持ち出しで支払ってもらうことを最初から前提として審査をしているのです。

頭金なしで、全額借り入れで投資物件を購入することについて、私は否定的です。株式の信用取引やFXでの為替取引と同じように、手持ち資金を少なくして高いレバレッジ率

（倍率）で投資を行えば、その倍率が高ければ高いほどリスクは高まり破綻まで至る可能性は高くなります。不動産投資もまったく同じです。

次に同じ5千万円の投資物件に対して、2千万円の頭金を用意した場合を考えてみましょう。借り入れ金額は、3千万円。これを4％で30年のローンと仮定したら、毎月の返済額は約14万3千円になります。家賃収入の37万5千円からこの返済額を差し引くと、毎月の手取り額は23万5千円になります。

また、3千万円の借り入れであれば、仮に長期金利が8％まで急上昇したとしても毎月の返済額は約22万円となり、家賃収入37万5千円との差額は15万5千円になります。

これならば金利の上昇局面においてもまだ余裕があり、家賃の下落や空室率の上昇局面にもある程度耐えうるのではないでしょうか？

何よりも、当初の手元に残る23万5千円を繰り上げ返済に回して、月々の返済額を圧縮していくということも現実的にできるのです。

自己資金を多く投入することにより不動産投資におけるリスクは減少し、安全域は広がっていきます。当たり前のことです。

◎表面利回り10%の5千万円投資用物件を30年の長期ローンで購入する場合のシミュレーション

資金の調達		頭金ゼロ（5,000万円借入）	頭金2,000万円（3,000万円借入）
毎月の賃料収入		375,000円	375,000円
金利4%	毎月の返済額	239,000円	143,000円
	毎月の手取り額	136,000円	235,000円
金利8%	毎月の返済額	367,000円	220,000円
	毎月の手取り額	8,000円	155,000円

当たり前のことを、わざわざ説明するのには理由があります。

私の会社でも、とにかく「全額ローン」でマンション経営をしたいというご相談をときどき受けます。

全額ローンで投資物件を購入するということは、大きなリスクを背負うことになるのだということを常にお伝えしていますが、その危険性を理解されていない方が非常に多いのです。

それでもなおそのリスクを背負うのであれば、投資物件について厳選に厳選を重ねなければならないのは言うまでもありません。

リスク2　流動性の低さ

「流動性」という言葉を聞いたことがありますか？

「換金性」と言い換えると、わかりやすいでしょうか。

つまり投資商品を現金化しやすいかどうかということです。

株式投資では今日買ったものを今日中に売ることも可能です。不動産の場合は、一度買ったものを現金化するためには、通常でも3カ月から半年以上の時間がかかります。

また、株式等は現在はネット証券が普及したため手数料が大幅に下がり、低い手数料で売り買いを繰り返すことができますが、不動産は、売ったり買ったりするたびに仲介手数料や不動産取得税、登記費用などが発生します。

さらに、数千万円の不動産を買って、数年後売却した場合、投資した額が保障されることはありません。元本保証ではないのです。ですから、元本保証の国債などに比べても高い利回りが要求されて当然なのです。

不動産投資のメリットは、この低い流動性を差し引いても上回る高い利回りがあるということです。低い利回りの不動産投資では、流動性が低い分、魅力のある投資とはいえません。

リスク3　人口の減少

ご存じのように日本は、すでに少子高齢社会という大きな問題に直面しています。40歳前後の団塊のジュニア層が最後の人口のボリュームゾーンなのです。彼らの下の層の人口減少は著しく、小中高の統廃合がすすみ、大学も定員割れするところが出ている現状です。

若年層が減少していくと同時に、就労人口も団塊の世代の大量退職に伴い、今後どんどん減少していきます。

この事実が不動産投資に及ぼす影響は大きいと思います。

今から二十数年前、私が大学生だった頃、学生に人気の東京中央線沿線には学生向けのアパートがまだまだ不足しており、不動産屋で物件の紹介をお願いするとどこも満室で、工事中の物件を見て決めてくれと言われました。

現在同じエリアで空室を検索すると、各駅で常時300〜500室以上の空室が出てきます。ここにもさきほどの人口問題が顕著に現れています。かつて、どこにどのような間取りでどのような仕様でつくってても満室状態だったと思われる学生や単身者用のアパートやマンションは、現時点ですでに需要と供給のバランスが大きく崩れてしまっているのです。

利回りよりエリアと立地！

一般の投資家の方はとにかく投資利回り第一主義的な傾向があります。同じ金額を投資する場合、高い利回りのほうが手元に入ってくるお金は大きくなります。

しかし、高い利回りであればどんな物件でもよいのかというとそうではありません。ときどき、表面利回りが15％を超えるような物件の購入を検討され、弊社に相談にいらっしゃる方がいます。そういった高い利回りの物件は、まずほとんど地方都市の投資物件です。

表面利回り約15％といっても、満室想定時の利回りが約15％なのであり、現実には３割～４割が空室の状態というのがほとんどです。

さらに、各部屋別の賃料表を見てみると、直近で入居された方の家賃は非常に安く、数年前から入居されている方の賃料は高いという、同じ物件内で賃料の格差が見受けられるのです。

この事実をどのように見るべきでしょうか？

もちろんケースバイケースですがこういった高利回り物件の多くを調査してみると、左記のような事実が明らかになってきます。

（イ）投資物件の存する地方都市の同エリアでは数年前から人口流出が著しく、若年層の減少が止まらない現状がある

（ロ）当該物件よりさらに交通利便性のよい新たに開通した駅周辺に、より広くより安価な物件が多く建設されている

（ハ）当該物件からの退出が今後も続くと見られ、家賃を大幅に下げて対応するしか方法がないと思われる

つまり、この物件の表面利回り約15％というのはあくまでも超楽観主義に立った想定利

回りであり、現実的には空室率が30％と想定するならば単純計算で利回りが約10％となり、さらに今後平均賃料が30％程度下落すると想定するならば、表面利回りは7％台まで下落すると予想できます。

そこから固定資産税や修理修繕費用などを差し引くと実質利回りがさらに1％程度下がり、この地方物件の利回りは実質6％台まで落ちるのです。

私の想定どおり中期的に実質賃料まで下落するとしたら、当然ですがこの物件は投資不適格といえます。

「投資金額はなるべく安く、家賃収入はなるべく多く」

こういった期待は当然のことですし、否定はしません。

ただし、不動産は一度買ってしまうと、すぐに買い換えることはできません。ある程度長期間で見て、リスクの少ない選択をしなければなりません。

それには、見かけの利回りより、立地選びが絶対大事なのです。

エリアの賃貸マーケットの需給バランスが現在どうであるのか、そして今後どうなっていく可能性があるのか、さらにより競争力の高いエリアに新規のアパートやマンションが大量に供給されるのかどうかといったリスクを十分に調査検証し、良い立地を選ぶ努力をしていきましょう。

ワンルームマンションは要注意！

一般的に普及している不動産投資はワンルームマンション投資です。それも、新築の物件に投資をするというものです。これまで述べてきたように、マンション投資は他の流動性の高い投資商品よりも高い利回りでなければ買う意味がありません。しかしながら、現在の東京における新築ワンルームマンション投資の利回りはせいぜい4％〜6％です。

これではリート（不動産投資信託、75ページで詳説）の利回り並みか銘柄によっては劣ります。東証に上場しているリートであれば日々売り買いも可能です。つまり流動性が高く、固定資産税も、修理修繕の必要もなく、複数の物件に投資しているのでリスク分散もできています。このリートに比べて同等の利回りではまったく買う意味がないといえるのではないでしょうか。

もちろん投資は利回りだけではかれません。将来の値上がりを期待する投資もあるでしょう。しかしながら、少子高齢化がすすむ日本において、若年層の人口はすでに急激に減少しています。

これまでつくられてきたワンルームマンションの数に対して、単身者の需要は減る一方です。将来、はたして賃料の大幅な上昇、転売時のキャピタルゲインを得ることは可能でしょうか？

私は非常に難しいのではないかと思います。

ワンルームマンション投資を行う場合、エリア・立地の厳しい選択が不可欠になってきます。将来の人口減に耐えうるエリア（たとえば都心部や人気の沿線）、10年後も20年後も若い方が住みたいと思う立地、プランを備えた物件を選んで投資すべきだと思います。

リスク4　地震

世界中で発生する地震の14％以上が、国土面積2％以下の日本で発生していることをご存じでしょうか。

震度7を超えるような大地震の場合、建物が半壊または全壊することを私たちは近年の二つの大地震で知りました。

不動産投資は、土地＋建物に投資をします。その建物が耐震上どうなのか、大震災が発生しても十分に耐えうる構造であるのかということを、購入するときに判断する必要があります。

実は、これまで建てられた建物は、建築基準法の耐震基準上二つに分けることができます。

昭和56年6月以降に認可されたもの（通称「新耐震基準」）とそれ以前に認可されたもの（通称「旧耐震基準」）です。新耐震基準で建てられた建築物は、阪神淡路級の（つまり震度7を超えるような）大地震においても一定の強度を備えているといえます。かたや旧耐震基準の建物の多くは耐震上リスクを抱えていると考えられています。

実際、阪神淡路大震災のときに倒壊した建物の多くが、この旧耐震基準で建てられた建物でした。この新耐震基準、旧耐震基準というものを明確に分けて投資を行ったのは、実は国内の投資家ではなく外資系の投資銀行や不動産ファンドだったのです。

何百年に一度かもしれない大地震が起きた場合、投資した資産の建物部分が毀損《きそん》し、そこから生じる収益がストップするリスクは真剣に考慮すべきことなのです。

個人投資家が投資対象とする物件も、原則として新耐震基準のものを選択すべきだと思います。旧耐震の物件に投資するのであれば耐震診断や耐震補強を行ったものかどうか、必ず確認すべきでしょう。

建物が壊れて賃料が入ってこなくても金融機関の返済は待ってくれません。ということは、借り入れを起こして不動産投資をした場合、大地震が起きればこの時点で万事休すとなるのです。

さらに建物倒壊のリスクだけでなく、液状化、津波のリスクも今後は考慮に入れるべきです。地盤の問題や埋め立て地であるかどうか、海岸からの距離、海抜、立地が台地の上かどうか、断層が近くを通っていないかなどを事前に調べることが不可欠になったと言えます。

4・メリットは

高い利回り

たくさんのリスクをお話ししてしまいましたが、もちろんメリットもあります。

不動産投資のいちばんの特徴は、なんといっても利回りの高さといえます。

元本保証の投資商品では基本的には十年物の長期国債がいちばん高い利回りといえますが、この投資商品でさえ約1%以下の利率でした。

これでは100万円投資しても年間で数千円程度の利息しかつきません。

それに比べて、不動産投資は、相対的に低い利回りとされるリート（不動産投資信託、75ページで詳説）でさえも、全銘柄の平均は約4～5%であり、実物の不動産投資では、6%～10%を超えるものまで存在します。

都心の一等地の物件では5％に満たない物件も流通していますが、これは私たちのような一般の投資家からすると利回りの低さから投資対象になりにくいといえます。

以上の話は、株式でいえば配当、不動産でいえば家賃収入についてですが、次にキャピタルゲインとキャピタルロスについてお話しします。

株式投資では、短い間に購入した株価が3分の1になることもあれば3倍以上になることもあります。これは、東証一部上場の超大型企業の株価でさえも起こりうる現実です。

それに比べて不動産は、数年で3分の1以下になったりもしくは3倍になるということは、バブルの上昇期や崩壊期といった極端な時期を除いてまずありえないでしょう。

つまり株式投資のように非常に短い間に投資金額を損失してしまうような大きなリスクは避けることができるのです。

経済危機にこそ活きる「お金を生むビル」

東京駅の八重洲口を出て左折すると、第一鉄鋼ビル、第二鉄鋼ビルという超一等地に建つ古い大きなビルがあります（それぞれ昭和26年と29年の竣工、現在は再開発のため建て替え中）。

ビルの所有は、鉄鋼ビルディングという会社ですが、元は広島（創業は呉）の建設会社「増岡組」が戦後、鉄鋼ビルディングという子会社をつくり２棟の大型ビルを建てました。

この鉄鋼ビルディングは毎年売り上げ約50億円、利益10億円をコンスタントにたたき出してきました。つまり超優良企業です。建物建設以来約50年以上にわたり、間違いなく増岡組の一族の方や従業員を支えてきたのだと思われます。

増岡組は、広島県呉市の建設会社ということでお気づきの方も多いと思われますが、太平洋戦争前後、海軍とのつながりが非常に深い会社でした（同社１００年史による）。

つまり戦争の特需により「軍需産業」の担い手として繁盛した時期があったようです。その儲かったときに、素晴らしい投資をしたことが（この土地を手に入れることができた人脈も含め）当時の経営判断が非常に秀逸だったと感じます。素晴らしい先見の明です。

現在ジリ貧と言われる広島経済の公共事業が、今後いかに削減されても、この一族とこの企業グループは存続していくでしょう（現在では、この増岡組と鉄鋼ビルディングの親子関係は逆転しているようですが）。

他にも、昭和飛行機工業、片倉工業、ＴＢＳホールディングスといった上場企業にも同じような特徴があります。業績の良かった時代に優良な収益を生む不動産に投資をすることで、近年のような低成長時代においても本業を支え、安定経営を実現しているのです。

個人や中小企業であっても同じように「絶頂を極める時期」が必ず訪れます。

そのときに、将来に備えて設備投資や研究開発費に再投資することは鉄則であり、その再投資の一部を優良な不動産に投資するということは、有能な経営者の選択だと思います。

増岡組が当時、広島駅の前に広大な土地を購入したのではなく東京駅であったことも、選択としては相当に先見の明があったと思います。

精進してビジネスを長くやっていれば、誰でも上昇サイクルに乗ることが必ずあります。

その儲かったときの余剰金を何に投資するか？

大豪邸、別荘、海外リゾートのコンドミニアム、高級外車にクルーザー……これでは、自分の人生やビジネスのサイクルが下降したとき、足を引っ張るだけです。

儲かったときこそ次に下がるときのことを想像し、あなたを助けてくれるものに投資すべきではないでしょうか。

良い物件は困ったときに必ず支えになってくれます。これは、不動産投資の大きなメリットだといえるでしょう。

成功例
その1

金融機関勤務Oさん

（35歳、家族構成…妻と子供一人、年収800万円）

Oさんは激務により体を壊して休職したという経験がありました。

そのとき、自分が再度入院するようなことがあっても家族を養っていけるように備えたいと考えた結果、不動産投資についての勉強をされるようになりました。

Oさんはセミナーに参加したりDVDや書籍で勉強するなどして、実際にいくつかの物件に投資をしてきました。弊社へは、これまで投資した物件を今後組み換えていくべきか現状を維持すべきかといった相談で来訪されました。

Oさんが当時保有されていた投資物件は、関西にワンルームマンションが1住戸（約900万円）、東北の地方都市にアパート1棟（総戸数4戸、築25年、購入価格450万円）、東京湾岸エリアに新築ワンルームマンション（2千万円超）、千葉県の築年数の古い公団物件の4物件でした。

湾岸エリアのワンルームマンションは全額ローンでしたが、これ以外の物件はすべて現金での購入でした（親からの借り入れはあったようです）。

各物件を調査した結果、いずれも今後の家賃の下落が見込まれる物件であることが判明し、不動産市況が落ち込む前に購入した不動産をできるだけ取得原価以上で売却し、新たに優良な資産へ組み換えることを提案しました。

タイミングがよかったこともあり、東北のアパート1棟以外はほぼ取得価格と同額で売却することができました。特に湾岸エリアのワンルームマンションが想定よりも高く売却できたのが幸運でした。東北のアパートは取得価格の総額も低く、利回りも高かったのでOさんの意向により売却を行わず現在も保有しています。

その後Oさんは購入物件を城南エリアにしぼって探し、東横線沿線で横浜市内の木造アパート1棟（約7千万円）を購入されました。Oさんは、売却代金と手持ちの金額を足して頭金3千万円、借り入れ4千万円でアパートローンを組みました。

現在のキャッシュフローですが、毎月約50万円の家賃収入があり、うち約25万円を銀行へ返済されてます。現金で取得した東北のアパートの家賃収入の約20万円とあわせて毎月手取りで約45万円の不労所得があります。

第2章

始める前に

1・プロの世界に学ぶ投資の手法

山あり谷ありが当然

30代にビジネスを興して会社を経営し、同時に投資を行ってきて気がついたことがあります。そんなの当たり前ですよ、と思われるかもしれませんが、私にとっては大発見でした。それは、

「投資も仕事も人生もサイクルを描く」

という原理原則なのです。

私は小学生の頃から、良いことがあると必ず次に悪いことが起こり、それがなぜ交互に起こるのか不思議でなりませんでした。

のちに「禍福はあざなえる縄のごとし」「栄枯盛衰」「盛者必衰の理」ということわざを

知りましたが、当時は腹の底で理解していませんでした。

しかし、自分が独立して事業を行うにあたってはまさにこの言葉が当てはまり、さらに、投資行為においてもまったくこの言葉通りだということに気がつきました。

友人や取引先の会社、自分のまわりの方々を見ていても同じように感じますし、バブル崩壊前と崩壊後、また2008年を境とした一時的なミニバブルとその崩壊、サブプライムローンを発端とした100年に一度と言われる金融恐慌という流れを見ても、まさにサイクルを描くということを実感しています。私は、不動産業界に長くいますので、このサイクルの下降曲線においてデフォルトしてしまった人々を繰り返し見てきたのかもしれません。

みなさんにも心当たりがありませんか?

自分の仕事が非常にうまくいって絶好調であるとき、ここで来るべき次の谷を意識せずにどんどん上昇志向・拡大志向、欲のおもむくままに本質を忘れた事業を行っていき、破綻してしまう経営者。

投資においても、自分が投資した結果が良好で、

「自分は投資の才能がある。もしかしたら自分はプロフェッショナルの域に達したのでは

ないか」

と思ったときが実はサイクルの頂点であることが多いのです。自分に投資の才能があると思えば当然のことながらさらに投資を拡大していきます。そういうときに、自分の「知らない領域」に誤った投資をしてしまったりするのです。

ビジネスに置き換えれば新規事業と称してさまざまな分野に進出したり、人材が育ってないにもかかわらず出店ペースをあげることにより失敗するというのと同じなのです。

みなさんのまわりに10年から20年にもわたり、まったく谷のない絶好調な人生を歩んでいる人がいらっしゃいますか？

おそらくほとんどいないのではないかと思います。

投資においてもそのサイクルの「どこで何をするか」ということが非常に大切になってきます。不動産市況は5年から10年のサイクルを描くと一般的には言われていますが、誰もが利益を出し熱狂状態にあるときが、実はサイクルのピークに近い場合がほとんどなのです。つまりブームに乗じてふだん投資などに見向きもしないような方が儲かったというニュースが流れたときは、すでにサイクルのピークに近いと判断すべきなのです。

タイミングの見極め方

全米一の資産家であり投資家でもあるウォーレン・バフェット氏は、投資の極意を野球にたとえて次のように言っています。

「ほとんどの投資家はバッターボックスに立って、良い球が来るのを待ち切れずに悪球に手を出して失敗してしまう。投資で成功するには、良い球が来るまでひたすら待てばよいのだ。そして自分にとっての絶好球が来たときだけバットを振ればよい」と。

私もこのことを身にしみて経験してきました。人間は面白いもので、ある程度の資金の準備ができたら、できるだけすぐに投資をしたくなるものなのです。焦って悪球に手を出してしまうことは、どんなに慎重な人でもありえることなのです。

不動産投資においても何年かに一度到来するであろう「絶好の買い場」、つまりサイクルが底を打つタイミングまで待ち続けるということがなかなかできないものなのです。

しつこいようですが、みなさんには物事はすべてサイクルを描くということ、つまり上がったものは必ず下がるということを理解し覚えておいてほしいのです。不動産の市況も、上昇しそして下落します。誰もが不動産投資に見向きもしなくなったとき、このときこそ投資のタイミングとしてはよいときなのです。

そして、企業だけでなく、個人においても、長い人生のなかでは、経済的にどうにかしのいでいかなければならない「谷」の時期が誰にも訪れるものです。

個人が悪いサイクルのときをうまく乗り切るにはどうしたらよいのでしょうか？

不動産を通じて「谷」を乗り越える方法を、この章ではお伝えしたいと思います。

ミニミニ三菱地所をめざせ

個人の投資とは関係ないと思われるかもしれませんが、不動産業界でいま、生き残っている会社を見ていきましょう。みなさんの不動産投資にも役立つはずです。

業界で唯一、昨今の大きな荒波を生き残っているのは、賃貸管理業や貸しビル業を事業の一つの柱としておいている企業です。

不動産業界のメインストリートをいく事業は、なんといってもデベロッパー事業（開発事業）です。土地を買い、そこにビルやマンションを建て、それを第三者へ売却（または一部保有）していくというものです。この開発事業は、売上規模も利益も大きく、会社への貢献度はナンバーワンです。ただし経済市況に大きく左右されてしまうのが難点です。開発用の物件は、不動産市況が悪くなれば、開発案件がすべて不良資産となり身動きがとれなくなるのです。もし開発事業のみを行っていれば、売るに売れない資産を多く抱えた状態が続き、会社は破綻します。

一方、賃貸業（大家業）や賃貸管理業を行っている企業は、毎月ある一定の家賃収入や管理収入が入ってきます。この収入によって不況時の荒波を乗り越えていけるのです。具体的な企業名をいえば、三菱地所や三井不動産、住友不動産といった財閥系の大手企業があがります。前章でお伝えした増岡組もそうですね。他にもみなさんが名前を知らない小規模でも賢明な不動産会社が実はたくさんあるのです。

私は、個人投資家の方も、ミニミニ三菱地所やミニミニ三井不動産を目指したらよいのではないかと思います。特に不安定で景気に左右されるビジネスをしている人こそ、「不動産投資」が助けてくれるはずです。

では、ミニミニ三菱地所やミニミニ三井不動産になるにはどうしたらよいか、次の項の賢者のお話を聞いてください。

青山の賢者から学ぶこと

私が青山に事務所を移してからしばらく経った頃、青山通りから道一本入ったところに、古くから賃貸斡旋業を経営されている不動産会社を見つけました。社長が一人で営んでいるらしき小さな店舗です。ランチやスポーツジムに行くときにその店の前をよく通っていたのですが、仕事上で知り合う機会はありませんでした。

ところがあるとき私の先輩が青山周辺でアパートを借りたいというので、私は地元では間違いなく老舗と思われるその店を先輩と訪問しました（老舗の業者は、大家さん直結の優良賃貸情報を持っていますので）。

それ以来、その店舗の社長と道で会うたびに言葉を交わすようになり、ときには立ち話で、ときにはその方の店舗で、世間話をする間柄になりました。

不思議なことに不動産の話はお互いに一言も話さないままに数年が経過しました。

そして、２００８年、リーマンショックによって多くの不動産会社が破綻していく時節、またスポーツジムに行く途中ふらっとその店に立ち寄りました。

そのとき社長が不意に私にこういったのです。

「長谷川君の会社は大丈夫か？」

私は正直に答えました。

「うちは不動産を転売するような事業はやっておらずコンサルティングがメインで無借金ですので、大丈夫です」

するとその社長は私にこう話し始めました。

「今回もバタバタ多くの不動産会社が潰れているけれど、まったく同じことの繰り返しだよ。みな学習能力がないんだな」

私は社長に聞いてみました。

「社長は地方から出てきてもう40年青山で不動産会社をなさっていると伺いましたが、これまでどうやって会社を続けてこられたのですか？　バブルも何度も経験されたと思いますが、その都度大きな波をどうやってくぐり抜けたのですか？」

「いやぁ俺は年齢的には、今はもう道楽でやっているようなところもあるけれど、去年から俺だってそりゃあきついよ。月に一件賃貸物件を紹介して十数万の斡旋手数料が入ってくるのがせいぜいだよ。月に一件だよ。でもね、十分やっていけるんだよ。なぜなら銀座に小さいビルを2棟持っているんだよ」

青山の賢者

青山のメインストリートから裏道に入ったところでひっそりと営んでいる一見地味な小さな不動産会社の社長が、銀座に2棟のビルを持っているという話に、私は正直驚きました。そして社長の話は続きます。

「長谷川君、驚いたか？　でも驚くことなんか何もないんだよ。俺はご覧のとおりこの小さい店で、賃貸の斡旋と自分ができる範囲の不動産の管理をコツコツやってきただけなんだよ。昔は女房と二人でやっていたときもあるけどね」

「社長はどうやって銀座にビルを2棟も買ったんですか？」

「それはね、ごく単純なことだよ。とにかくコツコツコツコツ一件一件を積み上げていくだろう、その積み上げたものがちょっとした塊になったとき、無理のない程度の借金をして、いまみたいな不景気のときに安くビルを買って、また同じようにコツコツやってきただけなんだよ」

さらに話は続きます。

「他の不動産会社はそうしなかったな。この青山周辺の昔の同業者はみんないなくなっちゃったよ。みんなコツコツ貯めたお金で大きな勝負をしてしまうんだな。つまり転売だよ。最初の2、3回はうまくいくんだよね。でもそこで魔がさすんだよ。取り返しのつかない大きな勝負（売買）をだんだんするようになってしまうんだね。そして1回失敗して終わりだ。みんな同じ過ちをおかしたね」

私はお世辞でなくこう言いました

「社長はある意味、三菱地所や三井不動産と変わらないですね」

「まあそうかもしれないね(笑)。我々は他人様の資産で飯を食わせてもらっているんだよ。仕入れのリスクがまったくない業種じゃないか。そんな者が急に儲かって大金持ちになるということはものの道理から言ってあり得ないことなんだよ。だから長谷川君、とにかくコツコツコツコツ、仕事を積み重ねてお金がある程度貯まったら、我々は眼が利くんだから、いいときに収益を生むものを買っておいたらいいんだよ。そうすれば100年に一度なんていわれる不況だってあまり関係ないんだよね」

私は最後にもう一つだけ社長に質問してみました。

「コツコツ、とおっしゃる社長は何をしているときがいちばん幸せですか？」

「そうだね、俺は70も超えて普通ならもう何もやることもなく毎日将棋でもさしている年だけど、こうやって現役で気ままに仕事ができることがありがたい幸せなことだと思ってるよ」

そのとき、女子大生と思われるお客様が店に入ってきました。私はそこで話を区切りました。帰り際に店内をのぞくと、社長は楽しそうに物件の紹介をはじめていました。

じっと見て待つことができるか

青山の賢者が言うように、大きなサイクルの底を感じるまで大きな勝負をせずに待ち続けられるか。これが投資における成功の大きな要素であるのは間違いありません。

大企業やプロと称する人々でも、サイクルを読み誤り、再起不能となることがあります。それだけ人間は「待てない」動物なのだと思います。

サイクルの描き方は、ある程度長期間にわたって業界と金融経済を観察し続けなければわかりません。それには、あわてて投資をせず、勉強を続けることが不可欠です。

2・急いで始めなくても大丈夫

自分のお財布を整理する

不動産投資を始めると決めたら、まず最初にしていただきたいことがあります。自分の資産内容を精査することです。

みなさん、自分のお財布の中身をきちんと把握していないことが多いのです。

貯金がいくらあるのか。

年収はいくらなのか。

そしてその中で投資に振り分けることができるのはどれくらいなのか。

これらを改めて確認してみてください。ノートに書き出してもいいでしょう。

仮に貯金が1千万円あったとしても、全額を投資にあてるのはリスクが高過ぎます。

なぜかといえば、不動産投資には仲介手数料や登録免許税、不動産取得税、ローン事務手数料等の諸経費がかかります。

また、いざというときの出費に備えて、ある程度の資金を手元においておく必要もあるでしょう。病気や事故で入院したときの医療費、または失業等に備えた生活費用（最低でも6カ月分程度）はストックしておき、あくまでも余剰資金で投資を行うべきです。

不動産投資は、当初から家賃収入が入ってくる前提で投資するわけですが、もしもの場合（賃借人が急に退出してしまう等々）も起こり得るので、ご注意ください。

ここまで読んで、自分には、まだ投資用の自己資金が十分ないなぁと思われる方は、もう少し頑張って貯金をしてください。または、次項で提案するリート（不動産投資信託）の購入を検討してみてください。

今現在、資金が十分でないのは幸運なことだと思います。なぜなら、それだけ投資の準備期間や勉強時間があるということだからです。

まずは、目標の貯金額を設定するために、シミュレーションを兼ねて、次の学習を楽しんでいただきたいと思います。

BANK
銀行に
200万円
タンスの
中に5万円
冷蔵庫の中に
3万円
犬小屋の中に2万円
年収は500万円

①不動産投資専門の物件検索サイトでいろいろな物件を見てください。左はおすすめのサイトです。

ノムコムプロ　http://www.nomu.com/pro/

HOME'S不動産投資　http://toushi.homes.co.jp/

建美家　http://www.kenbiya.com/

楽待　http://rakumachi.jp

②さらに、サイト上で興味をもった物件を特定して、それを購入した場合のローンシミュレーションを行ってみてください。各金融機関のホームページにローン計算が簡単にできるページがあります。借入金額と金利、返済期間など必要項目を入力すると、毎月どの程度の返済金額になるのかがわかります。

③次に、ホームページ上の物件概要に記載されている毎月の賃料から毎月の返済額を引いてみましょう。その金額が、純粋に自分の手元に残ります。当然、同じ物件を買う場合、自己資金を増やせば月々の返済額は減少し、手元に残るお金は増えていくのです。これを

〇× 駅
バーン
貯金ゼロ
だけど
妄想で
買い物中…

何度か繰り返すことによって、自分が買える金額と実際に買った場合の返済額および手元に残るお金が理解できてくると思います。同時に目標貯金額も見えてきます。

この①②③を、想像力をふくらませながら、あらゆるエリア、あらゆるタイプの物件でこなしていると、「投資感覚」が自然と身についてきます。

「今日は吉祥寺のアパート1棟～☆」

「今日は青山のマンション1戸買ってみよう☆」

という感じで、自由に楽しんでみてください。

このような練習が、のちのち本格的に物件を検討するときに、かなり役に立つはずです。

小額投資でまずは練習

不動産投資と一言にいっても、年収や貯金の額によってスタートできる投資対象は異なってきます。一般的に500万～600万円以上の年収があるならば、頭金ゼロでも、2千万円程度の物件は購入可能です。でも、まったく貯金のない人に不動産投資をいますぐすすめるというのは、やはり非現実的です。

現在、元本保証の定期預金や長期国債はきわめて低い魅力のない利率なので、貯金をすること自体が何か目に見える変化を与えてくれるとは言い難いのですが、前述の青山の賢者のようにコツコツと積み重ねていけば確実に貯蓄額は増えていきます。貯金額ゼロの方は、まずは100万円をめざして貯蓄をしてみてください。

すでに、数百万円の貯蓄があるならば、1千万円をめざして貯蓄&投資に励んでみてください。

また、100万円程度の貯蓄がある方には、まずはリート（不動産投資信託）の勉強をおすすめします。

リートはいろいろな物件が入った「箱」

リート、またはJリートと呼ばれる不動産投資信託は、「Real Estate Investment Trust」の略で「J」はジャパンを意味します。

リートは、ある意味、株式投資の側面をもち、またある面では不動産投資の側面をもった投資商品なのです。

トヨタやホンダの株を取引するのと買い方、売り方の違いはありません。上場している銘柄は証券取引所が開いている間はいつでも売買できます。

ただしこの株式を発行している法人は、トヨタやホンダのように多くの人が働き、事業活動をしている「会社」とは異なり「不動産投資法人」と呼ばれます。

この不動産投資法人の実態は、貸しビルや賃貸マンション、商業施設、ホテルなどの不動産収益物件を複数保有している、いわば「箱」のようなものと考えてください。

その「箱」に入っている収益物件から生じる家賃収入（または収益物件を売却したときの売却益）から経費を差し引いた利益が、株式を買った投資家に分配金として配当されます。

配当可能利益の90％以上を配当すれば、分配金は課税されないというメリットがあり、不動産投資によって得た収益を大部分投資家に分配することができます。

実物不動産に比べた場合の大きなメリットは、上場している株式を購入することになりますので、日々売買でき、よって流動性（換金性）が高いことです。現金が急に必要になったとき、実物不動産では、売却まで最低でも2、3カ月はかかるでしょうが、リートはその日のうちに売却できます。

建物の維持・修繕・管理は不動産投資法人が依頼したプロの管理会社が行うため、投資家は、ただ報告を受けるだけで家賃の滞納などに頭を悩ませる必要がなくなります。

さらに、多くの物件に分散投資しているので、1、2物件の実物不動産に投資することに比べれば空室率の上昇を気にすることなく比較的安定した収益が見込めます。分割された株式を買うため、一口数十万円前後から投資できる銘柄もあるのも魅力です。

ただし、リートへの投資は、銀行から借り入れを起こし、所有金額の数倍を投資するといったことはできません。

また、多くのリートは、資産に対する借り入れが50％前後と大きい法人が多く、スポンサー企業（親会社）の倒産により、銀行が借入金の借り換えに応じず、リート自体も破綻してしまうといった事例がありました。こういった場合、投資家である株主は、当然損失を被ることになってしまいます。

リートは、比較的小額の投資金額でも間接的に不動産に投資できる素晴らしい投資商品であると個人的にも思います。

しかし、その各投資銘柄の保有物件の良し悪しや財務内容、スポンサー企業の優劣は、各社一様ではありません。実態は玉石混淆であると言えます。

配当利回りも千差万別です。一見高い配当利回りであっても、内実は、大きなリスクが内在しているリートもありますので、実物の不動産投資と同じくその内容の分析と選別が不可欠です。

近年では、リート実体の値動きが全体として大きく上下しているという現実があります。分配金が一定であっても株価自体が大きく上昇してしまうと逆に利回りは低下します。よって、株価が安く利回りが高いときに投資することが必要になってきます。そのためにも最初は少額を投資して、なんらかの外部事情によって株価が大きく下がったときに買い増す方法を取ることをおすすめします。

「家賃収入体験」をしてほしい

リートの中でもリスクの高いものから低いものまでさまざまですが、リスクの低い大手企業がスポンサーのリートでさえも、3～4%の配当利回りのものがいくつもあります。

もう少しリスクをとれるのであれば、5～6%の配当利回りの銘柄もあります。

ここでまず、100万円の投資金額に対して、年間5万〜6万円という配当収入を実際に得てみてください。いわば「家賃収入体験」をしてみていただきたいのです。

そのとき、きっと何かが変わると思います。

一言でいえば、もっと頑張って増やしていこうというインセンティブが生まれるはずです。配当を得て単純に嬉しいということではなく、「家賃収入」の大きな喜びの一端を感じることができると思います。

この5万〜6万円のお金を何に使うかを考えるとき、私のおすすめは、この配当金とそれまでに貯めてきた毎月の貯金を合わせてさらにリートを買い増していくということです。

もう一つのよい使い道があります。

自分に投資することです。自分の専門分野を掘り下げる勉強をしたり、本を読んだり、新たな資格に挑戦したり、旅に出たり……人によって自分の価値を高める方法は違いますが、こういったお金の使い方は、必ずプラスのキャッシュフローを生み出します。自らの価値を高めることで、みなさんの給与や昇進にも良い回転をもたらすきっかけになるはずです。

自分の価値を上昇させ収入もアップし、さらに複利の効果で不動産収入をアップさせる、二つの川の流れがだんだんと大きくなってくることでしょう。

いよいよ「投資物件」を買う

数百万から1千万円程度の貯金があり、ある程度の安定した収入があるならば、いよいよ実際の不動産投資を考えてみましょう。

次の章から具体的にアドバイスをしていきますが、これまで述べたのは私が経験上本当に大切だと感じていることです。

不動産投資をしていくにあたって、土台となる考え方ですので、心の片すみでもよいので覚えておいていただきたいです。

成功例
その2

自営業Uさん

（42歳、家族構成…妻と子供二人と母親、年収300万円）

Uさんは東京郊外の私鉄沿線の駅の近くで、父親の代からの金物屋を営んでいました。従業員を数名雇いとても繁盛した時代があったのですが、近年はホームセンターの郊外進出により売り上げは落ち込む一方でした。お母様が社長で自分が専務として働き、自分たちの給料を削って店をやっと維持していくというのがここ数年の状況でした。このままでは家業を維持するために借り入れを増やさねばならず、さらには建物の老朽化のため引っ越しも考えていました（約30坪の敷地で1階が店舗で2階が住居でした）。

Uさんが弊社に訪れたときには、このような状況をふまえて自宅兼店舗の売却の意思を固めていました。私は事業用の買い換え特例といった不動産を売却したときの税金（不動産譲渡所得税）を軽減する手法をつかい、自宅兼店舗を売却した金額で銀行への返済を済ませ、残った金額で収益物件を購入する方法を提案しました。

そして、Uさんは世田谷区内の田園都市線沿線に小規模のビルを購入しました。購入金額は約1億2千万円で、約2千万円ほど借り入れを起こしましたが、純利回りは約7％で年間の家賃収入は約８５０万円、銀行への毎月の返済をしたあとでも贅沢をしなければ、５人の家族が家賃収入で十分に暮らせる状態になりました。

この事業用不動産の買い換えがうまくいったことにより、Uさん一家は海の近くの賃貸マンションに暮らし、経済的・精神的に（空間的にも）余裕のある生活をされています。Uさんは20代から地元密着家業一本できましたので、これまでほとんど自分の自由な時間はありませんでした（特にここ10年は毎月ギリギリの資金のやりくりを行ってきました）。いまは、かねてより興味のあった仕事を始めるための勉強と準備をしています。

大企業のなかでも、資産を有効的につかうことにより本業に劣らず収益（家賃収入）を得る事業を兼務している企業はたくさんあります。たとえば恵比寿ガーデンプレイスを有するサッポロホールディングスや、赤坂サカスを有するTBSなどです。Uさんの例でわかるように、自営業の方でも資産を活用することで、これらの大企業と同じように安定した収益を得ることができるのです。

第３章

物件探しの前に
やるべきこと

1・心がまえが大切です

自分で動く

株式と金融商品は、マーケットに数千という銘柄があり、その中から自分の判断で自由に選ぶことができます。つまり、「投資商品自体をゼロから自らの努力で探し出す」という必要はありません（その商品自体の良し悪しを判断する難しさはありますが）。

しかし、不動産投資においては、「お金を生み出す家やビルやマンション」を努力して探し出さなければなりません。

優良な投資物件を探し出すには、それ相応の時間と労力をかける必要があり、不動産投資においてはこの地味な努力を欠くことはできません。

株式投資では新聞や雑誌または証券会社から投資対象を紹介してもらうことが可能です

が、不動産投資においては、こういった待ちの姿勢ではまず100％良い物件に巡り会うことはできないでしょう。

繰り返しますが、自らの努力なしでは「100％」無理です。

本当に価値のある物件を見つけ出したければ、自分自身が動き、業者に対して不動産投資物件の情報をもらえるよう、一件一件お願いして回る必要があります。

このように書くと、現在はインターネットの時代だからさまざまなサイトで不動産投資物件を検索し閲覧できるのではないかとおっしゃる方もいます。残念ながら、インターネットでおおやけに広く開示されている情報から優良な物件を購入することは難しいといえるでしょう（理由はあとで述べます）。

大手不動産会社の中に、土地やビル等の投資物件を購入する部署があります。私もかつてそういった部署で働いていました。私の働いていた会社だけでなく、大手不動産会社の仕入れ＝投資担当セクションでは、驚くほど地味な営業をしているのです。これには例外はほとんどありません。

優良な情報を持っている不動産仲介業者さんをいかに発掘するか、そしてそこと長く良いお付き合いをし、いかに優先的に良い情報をもらうか、ということが最重要で、そのために足で稼ぐ営業努力と、良い物件を優先的に得るための人間関係を築く必要があるのです。

つまり、良い投資物件を入手するためのウルトラC的な方法は、はっきり言ってありません。上場企業の担当者でさえも、みんな同じ地味な努力をしていることを覚えておいてください。

不動産投資は、スポーツや受験と同じ

さて次に、どのようにすれば優良な仲介業者と優良な物件と出会うことができるのでしょうか？

これは、スポーツや受験勉強とまったく同じです。

つまり地道な努力しかありません。投資対象を見つけることにおいては天才というものは存在しません。運がそれほど関係あるとも思えません。努力した人間が良い物件と出会え、最後には経済的な自由への道がひらけてゆくのです。

甲子園を目指している人間が努力をしたからといってみんなが甲子園へ行けるわけでは

ありません。しかしながら、厳しい練習を積み重ねるという努力なしに甲子園に行ける人間は一人もいないのです。

一生懸命勉強したからといってみんなが有名校に入れるわけではありません。ただし、少なくとも一生懸命勉強しなかった人間が有名校に入ることはないのです。

こう書くと、不動産投資はものすごく大変なことなのかと思われるかもしれませんが、会社勤めをしながらあまった時間でできる範囲の効率的な努力(しかしながら地味な努力)が最低限必要であることをお伝えしたいのです。

その、地味な努力の積み重ねの先に良い物件との出会いがあり、将来的な経済的自由を手に入れる可能性が広がっていきます。

まずは一社、一担当者「良き会社」「良き担当者」と縁をもつことを目指してください。ここでの「良き」とは、誠実で物件収集能力があるという意味です。

プロでも「5人(5社)と深い縁をもつことができれば食べていける」「10人いれば独立できる。20人いれば上場できる」という業界です。まずみなさんは一人(一社)を見つけることに努めてみてください。

次の項目からは、その具体的な手法をお伝えしたいと思います。

2・エリアを選択する

一に立地、二に立地

不動産投資において、最も大事なポイントは立地です。よく業界では一に立地二に立地、三四がなくて五に立地と言われています。もちろん建物のプランや仕様、その他投資の良し悪しを判断する多くのポイントがありますが、物件を選ぶうえでは何よりも立地を重要視しなければいけません。

企業は日々経営者や社員の経営努力によってうまく経営が行われ成長していくならば、放っておいてもその投資対象自体が自己増殖していきます。優秀な経営者や経営戦略により、また新たな経営改革や新製品の開発で、10年で利益が10倍になることもありうるでしょう。

不動産は、物件自体が自ら変化して価値が増大化することはありません。つまり最初の選択、

「どこに何を買うか」

が実に肝心なのです。どの場所にどの物件を買うかということが、その投資の70%を決めてしまうと言ってよいと思います。残りの30%は、室内をリニューアルしたり、自分のセンスにより間取りや仕様をデザインしたり、外壁の塗装を変えたりすることでバリューアップさせるということです。

無敵の立地とは

良い立地とは、

①現在十分な賃貸の需要があり、
②供給されている物件数と賃貸需要をみたときにできれば需要のほうが多く、
③その需給バランスが将来にわたって維持されるであろうエリア

です。こういったエリアを一般的にどのように見つけていけばよいのかというと、意外に簡単なのです。単純に言えば女性誌が特集するような町です。例を出すなら自由が丘、恵比寿、中目黒、代官山、下北沢、吉祥寺といった、買い物に便利で環境がよく、都心にも近いエリアです。

こう書くとそんないいエリアに投資物件が簡単に見つかるわけがないという声が聞こえてきそうですが、同じ沿線や周辺エリアで探すことは可能なはずです。

東京でいうと先にあげた自由が丘や中目黒などのエリアは、東京から横浜における通称城南エリアと言われる人気のエリアですが、城南エリア以外にももちろん各地域に人気エリアがあります。

また、東京以外の地方都市においても、その土地における住みたい人気の町というのが存在します。そこがどこであるのかということを、将来も見据えて慎重に判断しなければなりません。

繰り返すように、日本は少子高齢化により就労人口が減っていくのです。10年後、20年後も入居したいという人が常に存在すると予測できるエリアを選択する必要があります。

地元エリアをどう考えるか

弊社のお客様でも自分が生まれた町や育った沿線、または自分が一時期住んでいた町の物件に投資をしようと狙いを定める方が多くいます。こういった考え方はある意味正しくある意味危険です。

10年後20年後もそのエリアが賃貸市場において人気を保てるのかということを予想するとき、必ずしも自分になじみのある町がベストな選択であり、投資に適格であるとは限らないのです。思い入れがあるだけに、その感情を差し引いて冷静に投資判断しなければなりません。

なじみの沿線やエリアが投資に適格とするならば、そこに住んでいた経験は非常に大きなものとなります。その駅周辺や町の中でどのエリアが人気があり、どのエリアが人気がないのかを地元の不動産業者と同じくらい熟知していることでしょう。

同じ理由で、もし東京に一度も住んだことのない方が東京都内の物件に投資をしようとするならば、注意が必要です。

仙台や札幌に住んだことがない方がその都市で投資をしようとするならば、さらに注意が必要であると思います。その場合はその町に長く住む友人や親せき、または我々のような第三者的不動産コンサルタントに意見を求めるべきだと思います。

人気が持続するエリアの見極め方

女性誌の特集以外で、「エリアを読む」指針は何か。判断の手法は次の通りです。まずはその地域の人口統計を役所で調べてみてください。そして年齢別の人口の変化もみてみましょう。

毎年人口が増えていっているのか減っているのか、また、若年層が増えているのか減っているのか。こういったことはインターネットで閲覧できるケースもありますが、少なくとも役所に行けば一般の方でも調べることができます。

次に、非常にアナログ的ではありますが、やはりそのエリアに5年から10年以上住んでいる方、できれば地元で生まれ育った方の意見を聞きたいものです。そういった方からは、たとえば、

「○○駅の東口は人気があるのだけれど、西口はもともと△△があったところなので歴史的にも現在もあまり人気がありませんよ」

といった表には出てこない生の声を聞くことができます。

次にインターネットで空室を検索したときに多くの物件が出てくるエリア沿線は、すでに供給過多になっている可能性があり注意が必要です。

逆に、ほとんど賃貸の募集をしていないエリア沿線というのも注意が必要です。ほとんどの賃貸物件が埋まっているという可能性もあるのですが、本来、賃貸物件をつくるような場所ではないと地元の方々が判断され、もともと物件が供給されていない可能性があるのです。

賃貸物件を建てて儲かるのかどうか、それは地元の農家や資産家の方がいちばんわかっています。彼らがこのエリアでは難しいであろうと判断して物件を供給していない場所に、遠くからはるばる投資してはいけません。それは、非常にリスクの高い投資です。

逆張りの発想で投資する

「誰もが希望する人気エリアは投資リスクが少ない」と言っても、物件数と投資希望者との需給バランスが崩れているので、年月をかけて探してもなかなか投資できないといった現実もあります。この場合、取るべき手段は三つあります。

一つは、それでも「努力して探し続けて待つ」。

二つ目は、「何かを犠牲にする」。たとえば築年数を犠牲にして古い物件に投資するか、利回りが低くてもよしとするか（資産家の方はこの傾向があります）、駅からの距離を犠牲にする、といった方法です。すべての点で100点満点の物件は元来存在しないので、現実的な戦法であるとも言えます。

次に、三番目の手法として「逆張りの発想」で投資するというものがあります。

私のお客様で、「山谷」と呼ばれる南千住駅の南側一帯や、かつてラブホテル街だった新大久保駅周辺の不動産に投資している方がいます。一般にはあまり歓迎されないエリアですが、その方は望んで投資しているのです。

理由は行けばわかります。歌舞伎町の北側から新大久保周辺はラブホテルが激減し、飲食店やアパレルの路面店が増えて、魅力ある商店街が徐々に形成されています。

南千住は木賃宿を改修した外国人向けの長期滞在型ホテルが増えたことで、「外国人旅行者の街」に変わりつつあります。さらに駅周辺の再開発によりタワーマンションが何棟も建ったことで、街の雰囲気そのものが変化しました。

私も実際に足を運び、日本の首都東京というものが、我々が考えているよりも世界レベルの大都市であり、街としての可能性をまだまだ秘めていることを再認識しました。もともと交通の利便性がよいエリアであることも、可能性を高めています。

一般的にはまだイメージが悪いため、人気のある町に比べて不動産価格が低く、そのギャップを突いた「逆張りの発想」の投資といえるでしょう。

3・業者さんをまわる準備

個人の名刺をつくる

エリアを決めたら、実際に不動産業者さんをまわるのですが、その前に準備することがあります。

まず最初にやることは、名刺づくりです。

勤め先の名刺とは別に、不動産仲介業者さんにお渡しする別の名刺をつくることをおすすめします。当然、社名はありません。その名刺に書くのは、みなさんの「個人不動産投資家」としての情報です。

氏名、住所、電話やファックス番号、Eメールアドレスを記します。

さらに、自分の名前の肩書きに「個人不動産投資家」と入れておくのもよいのではないかと思います（これは私のお客様が実践していました）。

携帯電話の電話番号は、その不動産業者さんと頻繁にやりとりをするようになった段階で伝えればよいでしょう。

昨今ではＥメールをフルに活用する業者も増えてきました。メール添付にて情報を送ってもらえる場合もあるので、メールアドレスを伝えておきましょう。

リーフレットをつくる

次に、Ａ４用紙１枚の簡単なリーフレットを用意します。

これは自分が投資したい物件の概要、つまり、相手の不動産業者さんに探してもらいたい物件の条件が要約して書かれているものです。

内容は、予算、購入希望のエリア（第３希望くらいまで。エリアに関しては、○○区や○○市、○○線沿線、○○駅から○○駅まで、といった具体的な表現のほうがわかりやすい）、そして希望する利回りを書いておきましょう。

次に投資物件の種類（木造アパート１棟、鉄筋コンクリート造のマンション等々）の希望を入れておきます。

また、その他の条件として、たとえば築年数について、平成に入ってからのもの、築10年以内、といったように記し、最後に、名刺と重複しますが、名前や連絡先を記載します。

常にこの名刺とリーフレットの2点セットをもって仲介業者さんをまわりましょう。

名刺はビジネスの場では取引を始めるうえで必要不可欠な道具であることは言うまでもありませんが、担当者に強い印象を残し、購入意欲を示すためにも、この二つのツールは効果的です。

担当者は日々いろいろな方から情報を求められています。こういったリーフレットを残しておけば、みなさんのそれぞれの投資物件に対する好みや考えを印象づけて記憶してもらえます。

◎名刺

個人不動産投資家
長谷川　高

港区赤坂 4-1-1 SHIMA 赤坂ビル
電話：03-6416-8562　FAX：03-6416-8563
E-mail：hasegawa@hasekei.jp

◎リーフレット

投資用不動産情報求む

投資対象：１棟売りのアパート・マンション
予算：5,000万円～8,000万円
購入希望のエリア：東京近郊または
横浜市川崎市内のもの
第一希望　東横線沿線
第二希望　田園都市線沿線
第三希望　小田急線沿線
希望する利回り：表面利回り7%以上
その他：築年数10年以内

長谷川 高
港区赤坂4-1-1 SHIMA赤坂ビル
電話：03-6416-8562
FAX：03-6416-8563
E-mail：hasegawa@hasekei.jp

4・不動産業者さんへの営業活動

何社もはしごする

エリアや沿線が決まり、名刺とリーフレットの用意ができましたか？

それではいよいよ、不動産業者さんとのお付き合いが始まります。

大都市では各駅に複数の不動産業者さんの営業所があるでしょう。できれば一つの駅でも1社だけでなく2社3社と訪問してみることをおすすめします。そのエリアに営業所がない場合は、近くのターミナル駅周辺にある業者さんをやはり複数訪問してみてください。

訪問したら、名刺とリーフレットを手渡し、

「こういった物件を探しています。情報が入りましたらぜひお知らせください」

ときちんと挨拶してください。

訪問してすぐに物件を紹介してもらえなくても残念に思う必要はありません。

投資用物件の情報は、そもそもどの業者でも多く扱っているわけではなく、あるとき急に彼らのもとに入ってくるのです。訪問してから1カ月後かもしれませんし3カ月後かもしれません。どこの業者さんにどんな情報が入ってくるかは、まさに神のみぞ知るで、誰にもわからないのです。

ですから、できることはただ一つ、多くの業者さんとルートをつくってアンテナを広くはりめぐらし、良い情報を逃さない状態にしておくことです。この地味な活動は不動産投資をするうえで必要不可欠、避けては通れない道なのです。

良い業者、悪い業者の見分け方

前述したようにどこの業者へいつ良い物件情報が入るかは、業者さん自身もわかりません。それゆえにある程度全方位外交で間口を広げてお付き合いする必要があります。

しかし全方位といっても、なかには避けるべき業者もあります。

ここでは、注意して付き合うべき業者をお知らせしておきます。

1　契約を急がせる人（自分のノルマ達成のためか、変に急いでいる人）

不動産の仲介業というのは本来、取引の安全を図るものです。しかし、自分のノルマ達成のためか、（もう古典的ですが）「いついつまでに契約してくれないと他に売れてしまう」とタイトなスケジュールを強引に要求してくる人はNGです。本当に売れてしまっても「次に行こう」といった姿勢で臨んでください。なぜなら数千万円以上の投資なのですから。真に買主側に立ってくれる人を探して長いお付き合いをしましょう。

2　物件の調査能力が無い人（物件の問題点に対する質問に明確に答えられない人）

どんな優良な投資物件にも何かしら問題点があるはずです。調査が甘く、問題のある箇所や瑕疵《かし》を発見できないような素人を通じて投資用不動産を買うことは危険です。また、投資家からの質問にしっかり答えて（能力的に誠意をもって）くれるかも大きな判断材料です。いい加減な答えしか返ってこない場合は、やはりお付き合いは見送りましょう。

何を聞いても理路整然としっかり調査して（その場で答えてもらう必要はありません、後日でも）はっきり明瞭に報告してくれる人を選びましょう。

3　気が合わない人（自分の投資手法とは合わない人）

不動産取引は長い付き合いになります。だからこそ性格や自分独自の投資手法とまったく合わない人は最初からお付き合いをやめておいたほうがよいでしょう。

こちらが仲介業者さんを選んでいると同時に、仲介業者さんもお客様を選んでいます。誰もが投資したいと思えるような高利回りの物件情報が入ったとき、誰にいちばん先に声をかけると思いますか？　それは、業者さんが「好きな人」なのです。「お金がある人」ではないのです。こちらが相性が悪いと思った場合、おそらく先方も同じことを思っているでしょう。

合わない業者さんへ継続的にアプローチするより、自分と気の合う業者さんと知り合える努力をしたほうがずっと良いと思います。

インターネットの物件情報に期待ができるか？

よくインターネットから投資用物件の情報だけを見て検討される方がいらっしゃいます。インターネットはたしかに便利です。家にいながら多くのサイトから複数の投資用物件を選ぶことができますし、相場感をつかめます。最近では、グーグルのストリートビューを使えば、現地の雰囲気もある程度感じ取ることもできます。

さて、これらインターネットの情報のなかに優良な投資情報、つまり我々のような専門家が見ても「これは良い！」と思えるような物件情報は存在するのでしょうか？

私は非常に難しいと考えています。

割安で立地も良く、利回りが高い、誰もが欲しがるような物件があったとしましょう。業者さんは、そういった物件を不特定多数の人間に情報公開することはまずありえません。なぜならば彼らがいちばん恐れるのは売主のところへ直接他の業者さんが行って「私に売らせてほしい」「私が買いたい」といった「飛び込み」（業界用語ですが）の行為をされることなのです。

一般の方からするとそんなことって本当に起きるのかと思うかもしれませんが、こういった売主への「飛び込み」は日常茶飯事のように行われるのです。よって、優良な投資物件の情報はまず間違いなくネットで公開されることはないでしょう。

「これは！」といえるような投資物件の情報は、やはりリアルな世界、つまりみなさんが足を運んだ不動産業者さんから得る以外はないと思ってください。

5・良い情報をもらうために

1億の物件も100億の物件も〝人〟が〝人〟にもってくる

私がかつてデベロッパーの不動産投資部門に籍を置いていたときの話です。当時の私の部署はビル用地を取得してビルを建て、再販売または保有するという業務を行っていました。そのときの上司のY部長が私たち担当者によく言っていました。

「1億の投資案件も100億の投資案件も、結局は〝人〟がもってきてくれるんだ。だからその情報をもってきてくれる〝人〟を大切にしろ！」と。

当時はバブル崩壊前の非常に景気のいい時代でしたので、黙っていても次から次へと情報が集まってきましたし、私たち担当者はまだ若かったこともあり、Y部長の言葉の本当の意味を理解していなかったように思います。

その後、私は独立し、不動産投資顧問業を始めました。多くの投資家からさまざまな依頼を受けるようになったあるとき、不動産鑑定士の友人から連絡がありました。外資系の証券会社が不動産に投資したいので情報をくれないか？　と依頼してきたそうなのですが、彼自身は鑑定士なのでそういった情報がないため、私を推薦してくれたのです。

早速私はその外資系証券会社の投資担当者に連絡を入れました。

「どういった物件に投資したいのか一度お会いして御社の投資のスタンスやご予算などをお聞きしたいと思うのですが、お時間をつくっていただけませんか？」

「投資したいエリアや予算はのちほどメールでお送りします。簡単に言うと○○のエリアで○○の規模で、○○の利回りのある物件をご紹介いただきたいのです。そういった物件をお持ちでしょうか？」

「なるほどよくわかりました。現在はそういった物件はありません。今後出てくるタイミングはわかりませんが、その条件で探してみようと思います。一度名刺交換だけでもいたしましょう」

「いま非常に忙しいので、現在該当する物件がないのであれば、そういった物件が出たときにまたご連絡いただけますでしょうか？」

私は答えました。

「わかりました。そういった物件が出ましたらご連絡させていただきます」

しかし、心の中ではその言葉とは裏腹に、

「誰があなたに良い情報を優先的に提供するものか」

と思いました。

会ったこともない人間に対して、私が任されるお客様の売却情報をお渡しするなどということはできません。さらに彼の言う条件をクリアするような良い物件ならば、この外資系証券会社の担当者でなくとも、10人以上は間違いなく投資してくれるお客様の顔が浮かびました。

いくら親しい友人の紹介であってもその気持ちは同じです。外資系の投資手法はこのやり方でよいのかもしれませんが、はっきり申し上げて日本ではこのやり方では良い情報を優先的に入手することは困難です（バブル崩壊直後のように彼らしか買う人間がいない、という場合は別ですが）。

1億の物件でも100億の仕事でも〝人〟が〝人〟に伝えるのですから、そこには信頼関係がなければいくらバックグラウンドが立派で資金を持っていようが、人は優先的には良い情報を伝えてはくれません。特に不動産業界ではその人が好きか嫌いかで取引をするしないを判断する、また優先順位を決める傾向は強いと思います。

つまり、嫌いな人間に真っ先に良い情報を出すことはしないのです。

個人投資家においてもネットや電話だけで依頼して良い情報が集まると思ったらこれは間違いです。なぜならみなさんが物件の情報を依頼している不動産会社さんには、みなさん以外にも、多くの同じような条件で物件を購入したいという申し出が寄せられているからです。

不動産業者さんも人間です。誰に情報を優先的に伝えるのかを、実は非常に泥臭い人と人とのお付き合いや心の機微で決めていることが多いのです。

プロもやっている超アナログな不動産業者との付き合い方

私が20年前に初めて不動産業界に入ったとき、まず宅地建物取引業法というのを勉強しました。実際の業務を規定する第5章の冒頭には「業務処理の原則」というのがあり、次の一文から始まるのです。

コワイ人
犬
ネコ
超お金持ち
お金持ち
いちばん好きな人
超優良物件情報

「第31条　宅地建物取引業者は、取引の関係者に対し、〝信義を旨とし〟、誠実にその業務を行わなければならない」

みなさんはこの一文を読んで何を感じますか？

私は、えらい業界に入ってしまったのかもしれないと思いました。なにかヤ〇〇の世界、つまり任俠の世界のような印象をもったからです。その後、仕事の経験を積むにしたがって、なぜ宅地建物取引業法の冒頭にこのような一文が入っているかという理由が実感としてわかってきました。

不動産業界でいちばん大事なものは、この序文にあるように「信義」なのです。

私はサラリーマン時代に、不動産情報を集め、その中から良い投資物件を選択し購入するという仕事をしておりました。

日々たくさんの業者さんと情報交換をし、同時にたくさんの物件情報をいただきました。一方私に情報をくれる不動産業者さんたちも、三井不動産、住友不動産、野村不動産その他多くの不動産業者と並行して我々とも付き合ってくれていたのです。

このとき私が考えなければいけなかったことは、優良な物件情報をいかに優先的に早く、そしてできれば独占的に入手するか、という一点でした。これは、一般の個人投資家であるみなさんにとっても同じことだと思います。

さてこれを実現するにはどのようにすればよいでしょうか？

まずは信義を守るということです。そのための具体的な方法をこれからお伝えします。

（イ）もらった情報には必ずしっかりと返答する

仲介業者は、手元にあるなかから、「これは○○さんには適さないだろうなぁ」と思いながらも情報を送ってきます。先方もダメなのは百も承知のケースが多いのです。

このときみなさんは、

「この業者は自分の言った条件を聞いてなかったのか？」

と自分の希望する物件と違うことに腹を立ててはいけません。こんなときでも電話で、

「○○さん、物件情報ありがとうございます。早速検討してみましたが○○の条件が私の求めるものとは違いますので、もうちょっと○○な物件をお願いします」

としっかり返答してみてください。

しようもない情報を出しても、丁寧に、そして迅速に返答をくれるお客様は、先方からすれば購入意欲の高い信頼できる人だということになるのです。物件情報をファックスや

メールで出しても多くの投資家がなんら返答をくれないことが実は非常に多いのです。そんななかでしっかり毎回毎回返答をくれるというのは、先方からすれば「お付き合いしていきたいお客様」なのです。

（ロ）自分の身元や資金力を明確に伝える

情報を出す不動産業者さんは、お客様が信頼できる方かどうかと同時に、本当に物件を購入できるのかということを判断しています。

つまりどのような仕事をしていて、頭金がどのくらい用意できるのかということをできるだけ明確に伝えることによって、業者さんに真剣になってもらう必要があるのです。「これだけ頭金があってこの会社に勤めているのであれば銀行のローンは通るだろう、そしてこの方の希望通り上限〇〇〇〇万円までの投資物件を購入できるだろう」という確信を得てもらう必要があるのです。

（ハ）長く付き合う

何度も言うようにどの業者さんにいつ良い情報が入ってくるかは予想できないのです。

いい人だ
ありがとうございます
イ
このくらい
なるほど
500万円
ロ
こんにちは!
ちょうどいま電話を
ハ

よって、できるだけ多くの業者さんと継続的に長くお付き合いをする必要があります。

そのためには、用事がなくてもときどき電話をしたり、近くに寄った場合には顔を出し、不在であれば前述した個人名刺を置いていきましょう。なおかつこれはという業者さんには暑中見舞いや年賀状を出すのも有効な手段だと思います。

自宅マンションや戸建てを購入する人に比べれば、利回り物件を購入する投資家はそれほど多くはありません。同時に事業用の不動産情報の絶対数も、実需の不動産情報に比べればはるかに流通量が少ないのですから、良い情報を優先的に得るためには、長くお付き合いをする必要があるのです。


簡単なことですが、以上3点を意識して実行することで不動産業者さんから「選ばれる投資家」となってください。それこそが良い投資への必要不可欠な要素となるのです。

良い不動産を探したければ、良い人を見つけ、良い付き合いをしなければならない。

このことを、絶対に忘れないでください。

成功例
その3

情報システム会社勤務Yさん

（38歳女性、独身、年収750万円）

Yさんは20代の頃から貯蓄に励み、その一部を株式投資にまわすなど蓄財につとめてきました。

35歳を過ぎたときに預貯金が1500万円、株式投資で得た利益が約300万円、合計約1800万円の金融資産を保有していました。Yさんは自宅用に新築マンションを購入することを考えていましたが、勤務先の会社が他企業にM&Aされました。その後給与も年俸制改定され、年収は約100万円のダウンとなりました。人員整理が進み自分もリストラの対象になるのではという不安感が生じました。

かねてから、不動産投資の勉強もしていた彼女は、自宅を買うべきか何かに投資し、将来の収入減に備えるべきか迷っていました。Yさんは将来のリストラや転職による収入減のリスクを考え、いったん自宅の購入を見合わせ、将来の収入減に備えキャッシュフローを生む不動産投資を行うことに決めました。

結果として東京都心部に築年数の古い中古の１ＤＫのマンションを約１千万円で購入しました。このマンションは築年数が古いのですが、立地が非常に良く表面利回り10％、純利回り９％の物件でした。

そして、さらに５００万円をいくつかのリートに分散投資することにしました。時期をよく考慮しリートの価格が大幅に下がった２００８年秋に購入したことにより、分散投資しつつも配当利回りは約12％を超える価格で購入することができ、この配当収入は年間で約60万円になります。

マンションからの家賃収入とリートからの配当収入を合わせると、年間で１５０万円の不労所得が生まれました。仮に１５００万円を銀行に預け年１％の金利と仮定しても15万円です。Ｙさんは実物不動産とリートをうまく組み合わせることによって、いままでの倹約第一の生活からより豊かなライフスタイルを送れるようになりました。

Ｙさんはもともと貯蓄に関してはまじめに取り組んできましたが、この投資によって生じる毎月のキャッシュフローをさらに貯蓄や投資にまわせば資産の増加が加速することになるでしょう。

第４章

優良物件を選ぶために

1・物件を「見る目」を養う

わからないものには投資しない

いまから15年ぐらい前の話です。

ある日、テレビの株式ニュース番組で、著名な証券アナリストが「これからはバイオの時代だ」ということを力強く解説していました。「バイオ」こそが将来の日本経済を牽引するのだということなのです。そして、同時にいくつかのバイオ関連の企業を紹介していました。

私は、仲の良い従兄弟にバイオの研究者が二人いたこともあり（彼らは優秀で実直な研究者でした）、その話を聞いて感銘を受け、番組で紹介されていたある会社に狙いを定めてその会社の株価が安くなったときに購入しようという思いを強くもちました。

その企業の株価が少し下がったときに私自身の勝手な評価で安いと判断し、投資しました。

ところが、現在そのバイオ関連の企業の株価は当時の10分の1以下の金額になっています。結局ブームは短期間で終わり、ほとんどのバイオ関連の企業がいまだに利益を出せない状況が続いています。

その後、テレビで力説していた証券アナリストの略歴を調べてみました。すると彼自身大学や大学院の化学系や生物系の学部で学んだわけでもなく（なんと文系でした）、バイオ関連の企業で働いた経験もまったくないにもかかわらずバイオ専門のアナリストとして当時活躍（？）していたのです。つまり、彼も、そして私自身も、本当の「バイオ」とは何たるかがわからずに紹介したり投資したりしていたのです。

また、これまで不動産関係の〝専門家〟のコメントを何度となく新聞やテレビで見てきましたが、業界の中にいる人間であればすぐに間違いであるとわかるような、基本的に誤った発言も多々見られました。

実際に投資物件を買うときも、やはり本当に自分が理解できる物件、つまり立地の良し悪しやそのエリア（市町村）の将来性などを「本質的に自分の確信をもってわかっているのか」ということを常に自分に問うべきです。

もしも、東京にしか住んだことのない方が札幌の物件に投資しようとしたときに、札幌市内においてその土地が「本質的に将来において需要がある土地か」ということをつきつめなければなりません。専門家と称する人が「ここは良い場所ですよ」と言ったとしても、その人自身が果たして札幌に10年以上住んだことがある人なのか、利害関係のある人ではないのか、と疑ってかかるべきです。

地方の方が東京で投資をしようとした場合も同じです。東京でも地域差というのはおそろしいほどにあるのが現実です。東京都内であればどこでも将来の賃貸需要も安心ということは100％ありません。

この章では物件を検討するためのアドバイスをしていきますが、どうか、

「わからないものには投資しない」

という言葉を胸に刻みつけていただきたいと思います。

まずは数を見る

株式投資をする場合は、投資対象となる企業の現在の財務内容や将来の成長性、その会

社の商品やサービスの優位性、経営者の資質といったものを総合的に判断し投資するかどうかを決める必要があります。

少なくとも貸借対照表、損益計算書、キャッシュフロー計算書の3つを読みこなし、将来生むであろうフリーキャッシュを予想し、その価値を割り引いて企業価値を算出するということが必要になってきます。これは、なかなか一般投資家には難しいことです。

仮にこういった財務諸表を読みこなせたとしても、その企業の商品やサービスの本質的な良し悪し、経営者の能力を直接お会いするなどして判断するということは、一般投資家には不可能に近いといえるでしょう。

不動産投資では、この「会社」に相当するものが「個別の不動産」ということになります。ここには、財務三表もなければ経営者の資質といったものも介在しません。つまりその不動産自体の投資物件としての是非を判断するのは、投資対象の会社を判断することに比べれば、より素人向けではないかと私は思います。

さてそれでは、物件を見る目を養うにはどうしたらよいのでしょうか。

その答えは非常に簡単です。

できるだけ多くの物件に足を運び自分の目で見ることなのです。自分が住むための戸建やマンションの購入でも投資物件の購入でも、失敗してしまう方の多くが、わずか数物件（なかには1物件だけ！）しか見ないで購入を決定してしまうことが多いのです。

まずは最低でも10物件、それも同じエリアや同じ沿線の物件を見てみてください。10件見ることである程度の物件を見る目が自然に備わっていきます。このときに左ページのような項目別一覧表をつくって持参しましょう。

この表に評価や点数をいれながら見ていけば、自分なりの優劣がはっきりしてくると同時に、どれが最適な投資物件であるかということがわかってくるはずです。

特殊な勉強は必要ありません。まずは10物件見ることで投資のスタートラインについたと認識してください。

100物件あっても検討すべきはわずか3物件？

私がサラリーマン時代に投資物件を探していた当時、会社で統計をとったことがありました。

「我々ははたしてどれだけの情報を集め、またそのなかで実際に購入している物件はどれ

◎物件評価表

評価項目＼物件名	A マンション	B コーポ	C アパート	D テラス	E ハイム
交通 （駅名、駅からの距離）	用賀駅 徒歩5分	二子玉川 徒歩15分	駒澤大学 徒歩10分	三軒茶屋 徒歩2分	用賀駅 徒歩10分
価格 （投資総額）	8,000 万円	9,000 万円	6,000 万円	1億2,000 万円	7,000 万円
年間家賃収入	400 万円	630 万円	360 万円	720 万円	560 万円
家賃の平均坪単価 （月額家賃収入÷ 専有床面積）	@10,000	@9,000	@9,800	@9,600	@9,500
表面利回り	5%	7%	6%	6%	8%
現在の空室状況 （空き室率０.０％）	0	3%	0	2%	0
築年数	12年	20年	15年	14年	20年
構造 （木造or鉄骨orRC造）	RC造	RC造	鉄骨造	RC造	木造
周辺環境 （5段階で評価）	5	4	4	2	5
周辺の賃貸物件 の空き状況 （5段階で評価）	4	3	5	5	4

ほどなのか」

ということを数値に出してみたのです。

その結果は驚くべきものでした。

1万の物件情報を集めたなかで、実際に契約まで至っている物件は平均すればわずか5物件だったのです。1万の物件情報に対して5物件です。

この数字には我々仕入れ担当者もさすがに気が遠くなるような気分になりました。

実際、一人が1年かけて情報を集め1物件を買えれば会社の評価的にも良しとされていました。この1万の物件情報は複数の人間が同じ情報を登録したものもカウントされているので、実質の数はこの10分の1程度であったかもしれません。

だとしても千分の5なのです。

古くから業界では、本当に良い情報は千三（せんみつ。千分の3）であると言われていますが、千三（せんみつ）までいかなくても実質千五（せんご）であったということです。

これは、プロの世界での激しい競争と、仕入れ（投資）に対する厳しい社内ルールがあったうえでの確率の低さではありますが、一般の個人投資家の方においても、同じようなことが言えるはずです。

○×不動産

私が投資顧問業として多くの投資家の方々とお付き合いした経験から言えることは、1000に5つといわないまでも、100の情報を集めても見に行きたいと思えるのはせいぜい10~20です。そのなかで具体的に購入を検討するのがおそらく3物件、そして実際に契約に至る可能性があるのが1物件以下だと思われます。つまり玉石混淆の情報も含めると、およそ100物件の情報をまずは集める必要があるのだという実態を理解してください。

2・アパート？　マンション？　1部屋？　1棟？

物件の種類いろいろ

不動産投資の投資対象は大きく3つの種類に分けることができます。

まずは区分所有のマンション投資です。これは、共同住宅の1部屋を購入することです。

次に、マンションアパートの1棟物件への投資で、これは読んで字のごとくマンションやアパート土地建物1棟に投資することです。当然ながら、エリアが同じであれば区分所有のマンション1戸を買うのに比べて投資金額は大きくなります。これにはビル投資も含まれます。ビル投資といってもここでは小規模の店舗ビルや事務所ビルを指します。

最後に、リート（不動産投資信託）です。

各投資対象の長所と短所を以下にまとめます。

マンション1棟物件投資のメリット

一般的にマンションといわれるものは鉄筋かコンクリート造で、構造上堅固であるということがいくつものメリットを生み出します。

当然、木造のアパートに比べて耐震上強固です。リスクの項ですでに述べましたが、日本は地震大国ですので、中規模以上の地震が将来起こりうることを前提に不動産への投資を考えるべきです。そういった意味では、鉄筋コンクリート造の物件に投資することは地震大国日本においては大きなリスクヘッジになるといえます。

次に堅固な建物ゆえに建物の存続期間は木造より長いとされ、金融機関から借り入れを起こす際も、より長期間の借り入れができます。

木造のアパートでは最長でもおおよそ20年程度ですが、鉄筋コンクリート造のマンションは20年をはるかに超え、より長期のローンを組むことが可能です（物件の築年数によってローンを組める年数は変わります。築年数が浅ければ長期のローンが組めますし、逆に築年数が古い場合は耐用年数の残存期間が短いとみなされ短い年数でのローンしか組むことができません)。

長期のローンを組めるということは、月々の返済額が減り、家賃収入から銀行への返済分を引いた手取り金額は増加することになります。

マンション1棟物件投資のデメリット

一般的には木造のアパートに比べて金額が高くなります。東京圏や大都市で鉄筋コンクリート造の投資用マンションは総額1億円以上のものが多く、数千万円単位のものはあまりマーケットに出てきません。

マンションタイプの物件を買うとなると、現実的には非常に小規模な物件か、または地方で投資することになるのが通常です。

区分所有投資のメリット

区分所有物件への投資とは、マンションの1室に投資するものです。大きく分けてワンルームタイプのマンションへの投資とファミリー・DINKSタイプの比較的広い住戸に対する投資に分かれます。店舗や事務所として使用されている場合もあります。

区分所有の良いところは、比較的少ない投資金額で始められることです。1棟への投資に比べて過度な借り入れを起こさずにローンを組んで投資することが可能なのです。

弊社のお客様には、複数の区分所有の異なったマンションに投資している方がけっこういらっしゃいます。分散投資によってリスク回避を行っているのです。

地震や環境の大きな変化（目の前に工場や高層マンションができる）などで投資物件の価値が下がった場合、複数に投資していたことにより甚大な損害を被るリスクを避けることができます。

また、自分の収入や預金の増加にあわせて1戸ずつ徐々に買い増していく方もいらっしゃいます。自分のペースで資産を増やしていけるのは、区分所有ならではといえます。

コンビニ

区分所有投資のデメリット

さまざまなマンションの部屋を、同時に、または完済前に複数投資しようとした場合、金融機関がこれに応じないケースが一般的です。よって、1棟の投資物件のように、複数の区分所有物件を（たとえば、1500万円の部屋を4物件、合計6千万円を）同時に同一金融機関から借り入れることは難しいのです（もちろん個人の収入や金融機関によっては可能なケースもありますが）。

原則として、一つずつ積み上げるように投資していくことが必要になってきます。

小規模ビル投資のメリット

この本は一般の方に向けて書いたものですので、ここでいうビル投資は小規模のビルを想定しています。駅の近くや商店街によくある、1階にテナントが入り2階以上に事務所などが入っているような小さなビルのイメージです。

弊社の投資顧問先でも、住宅系ではなくあえて商業系や事務所系のビルを好んで選択する方がいらっしゃいます。その理由は、マンションやアパートは今後も新しいものが供給され続けていく一方、商売や事務所ビルとして成り立つ立地というものは各エリアで限られていて、住宅に比べれば供給過剰になりにくいと想像できるからです。

つまり、住宅に比べて競合物件が少ないため、立地さえ良ければ、今後も需給バランスが崩れにくく、空室率の低下が避けられるというわけです。

長期のローンを組めるという点はマンション1棟物件投資のメリットと同じです。

小規模ビル投資のデメリット

店舗や事務所というのは住宅系の投資物件に比べて、借り手からより厳密に立地や広さ、使い勝手を選ばれています。つまり駅に近いから、または商店街にあるから、という理由だけで購入してしまうと大きな失敗につながる可能性があります。

現在、全国的に駅周辺の商店街は衰退しており、オフィス街も地方によっては同じことが言えます。エリアや駅の選択、立地や間取りをよりシビアに厳選する必要があります。

アパート1棟物件投資のメリット

木造アパートは小規模なものが多く、東京近郊でも総額として低廉な価格帯のものが多く出ています。耐震の問題も2×4（ツーバイフォー＝プレハブ工法）のアパートであれば強いことがすでに実証されています。

最近では木造アパートといっても、オートロックで防犯設備が整っていたり、デザイン性や仕様、間取りや使い勝手の良さなどグレードが異なるものが多く出てきています。

また、投資利回りを見た場合、マンション1棟物件に比べてより高い利回りを追求できるのが通常です。

アパート1棟物件投資のデメリット

アパート投資では、通常最長でも20年以上のローンを組むことができません。多くの金融機関では、木造アパートに対する融資の条件を20年と見ているからです。これは税法上の耐用年数の短さからきているものですが、修理修繕を適切に行えばさらに長く賃貸に出すことができます。

また、壁や床の厚さから生じる音の問題や設備のグレードは、どうしても鉄筋コンクリート造のマンションには劣ります。よって、長期的な視点で見たときの賃料の下落や空室率の上昇は、マンションに比べてより厳しく査定する必要があるといえます。

リート（不動産投資信託）のメリット

リートは一口数十万円程度から購入できるので、数千万円以上の物件に比べて金額的に購入しやすいというメリットがあります。また、東証等に上場していますのでマーケットにおいて簡単に売り買いができ、手数料もネット証券等を使えば安くすみ、現金化しやすいのも長所です。

原則として各上場リートは、不動産を取得するにあたって専門家の視点で耐震や構造、設備、仕様などを厳しくチェックしたあと、基準をクリアしたもののみ購入しており、そういった意味でも安心できるといえます。

リート（不動産投資信託）のデメリット

リートは実物の不動産を購入することに比べるといろいろなリスク（建物の構造や仕様の欠陥、流動性の低さ、管理運営）が低いといえますので、利回りが実物不動産に比べて低いのが一般的です。

また、実物不動産の場合は不動産自体を担保に入れて手持ち金額の数倍の借り入れを起こすことが可能ですが、リートの場合は収益（分配金）を得るため、銀行から借り入れを起こして購入することはできません。証券の売買ですので信用取引によって手持ち資金の数倍の株式を購入することは可能ですが、信用取引では分配金は得られません。

さらに近年ではリート自体の値動きが、一般企業の株式並み（それ以上のことも）に激しく、数パーセントの利回りを得ようと投資した数カ月後には10％以上株価が下がってしまい、含み損を抱えてしまうといったことも起こりえます。投資の鉄則ですが、リートも「安いときに買う」ことを心がけてください。

3・どんな資料があれば判断できるのか？

必要書類をしっかりもらう

多くの不動産情報の中で投資に値する情報に出会い、具体的に投資をしようと思ったときにはさらに詳しい検証が必要になってきます。

おそらく不動産業者さんからは、販売用チラシと呼ばれる住所や概要が簡単にまとめられた紙一枚の資料しかいただけないのが通常です。そこで、より詳細に検討をしようという段階で必要とされる資料を請求しなければなりません。

必要な書類は、

①各階の平面図

②レントロール（各住戸の面積や賃貸情報の一覧表）

③検査済証

の3点です。良い物件に出会ったら、これらの資料を業者さんからもらってください。もし、もらえないのであれば、売主につながっていない物件（本来売り物件ではないのに売主から承諾を得ずに勝手に販売資料をつくり持ちまわっている物件）である可能性も想定できます。

さらに次に紹介するものを用意し、より厳密に物件を検討していきましょう。

資料の読み方、使い方

①住宅地図

購入希望の物件やエリアが定まったら、1万分の1の地図とゼンリンの住宅地図の二つの地図を持って現地を実際に見に行く必要があります。1万分の1の地図は該当エリアの一冊を購入してもよいかと思います（数千円）。物件周辺の住宅地図は不動産業者さんを通じてもらえるはずですが、入手できなければ図書館でコピーすることが可能です。

まず1万分の1の地図ですが、ある程度広域（1キロ～2キロ四方）に見て音や臭いの

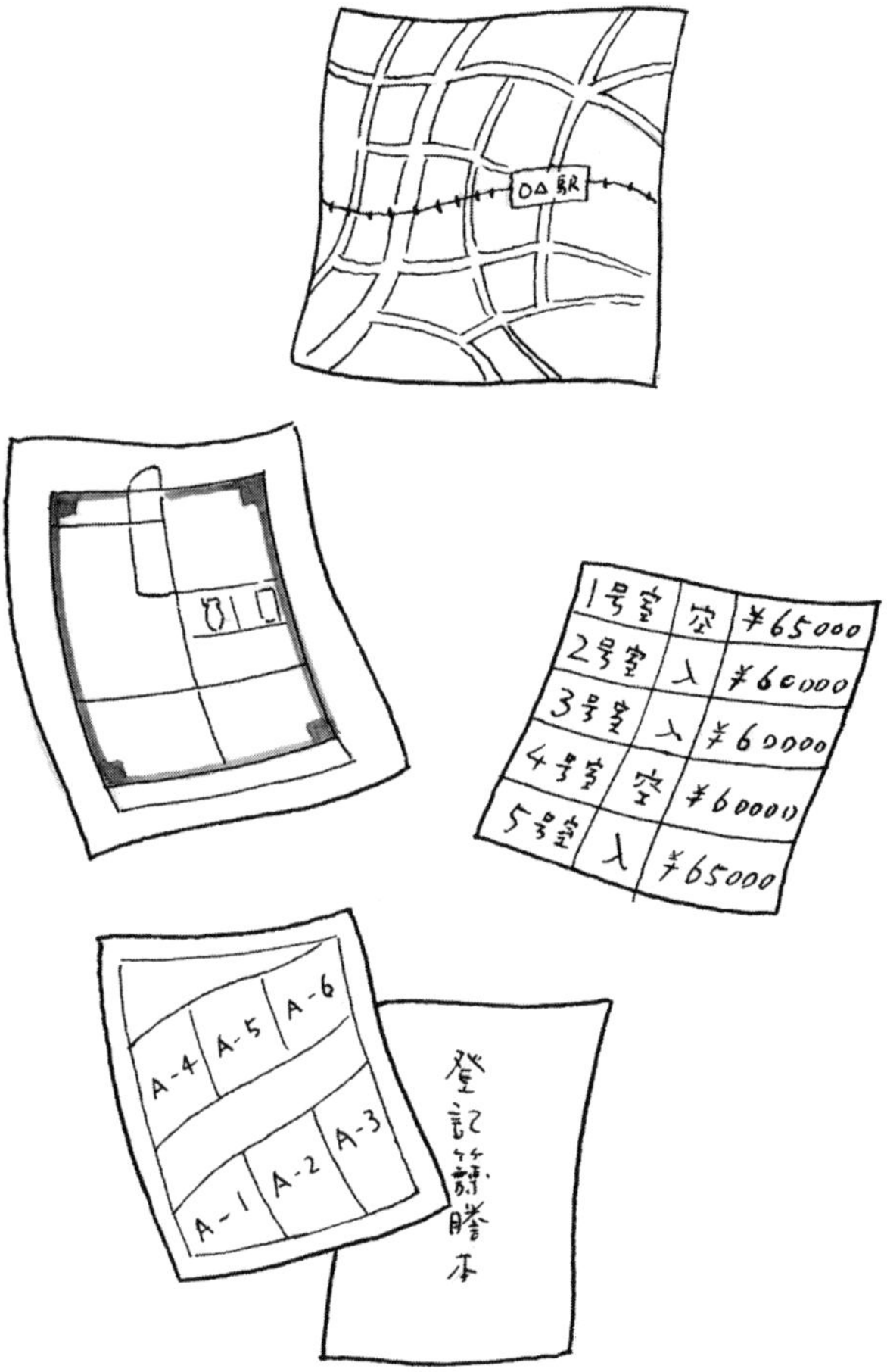
○△駅
1号室 空 ¥65000
2号室 入 ¥60000
3号室 入 ¥60000
4号室 空 ¥60000
5号室 入 ¥65000
A-4
A-5
A-6
A-1
A-2
A-3
登記簿謄本

出るような工場や河川、その他特殊な施設がないかをチェックすることができます。気になる施設がある場合は、物件を見るときに必ずその施設も見に行ってください。そこで、どの程度の音や臭いが出ているのか、環境に影響を及ぼしていないかということを自分の目や耳や鼻で確認してください。

さらに、地元に住んでいる方に、

「この○○施設は季節によって、また時間によって、音を出したり臭いを出したりすることはありませんか？」

と聞いてみてください。

現地の調査において、最も注意しなければならないのは、隣接する土地の状況です。長期間、家賃収入を得られる物件を選ぶには、周辺の環境が大きく悪化するということを事前に察知しなければなりません。

まず、収益物件の目の前に何があるのか（目の前というのはバルコニーが向いている方角）を見ます。仮に資材置き場や空き地、月極駐車場があるならば、将来どうなるのか、建物が建つとしたらどの程度の建物が建つのか、悪い条件をできるかぎり予想しなければなりません。中高層のビルやマンションが建てば日当たりや眺望が阻害されます。

小さな戸建住宅が密集して立て込んでいるようであれば、その敷地全体が再開発されて高い建物が建つ可能性は低いと考えられます。また、公園や緑地、学校など国や地方自治体が所有している施設も同様です。

環境が大きく変わる可能性を、住宅地図を見ながら現地を視察し、必要とあらば公図と照らし合わせて隣接地の登記簿謄本を入手してさらに調査する必要があります。

②レントロール（賃料一覧表）

この資料は各階が専有面積で何㎡（何坪）あり、それぞれいくらの賃料で貸しているかを一覧表にしたものです。この表を見れば毎月の賃料総額と年間の賃料総額がわかりますし、管理費や共益費を賃借人からいくら徴収しているかということもわかります。

さらにこの表からは、平均の坪賃料も算出できます。

たとえば１ＬＤＫの部屋が10室ある投資用アパートがあるとします。レントロールを見ると、各部屋一律33㎡（10坪）で、家賃は多少のばらつきはあるものの平均11万５千円だとします。するとこの投資用アパートの賃料の平均坪単価は1万１５００円となります。この坪賃料が周辺のアパートに比べて適正な賃料であるか否かを調べる必要があります。

周辺の物件に比べて明らかに賃料が高いにもかかわらず、駅から近いなど特筆すべき有利な点がないのであれば、将来的に空室が発生するリスクを考えなければなりません。必ず現在の賃料相場に置き換えて利回りを想定しなおしてください。

このレントロールを見たときに空室が２室あったとします。こういった場合は、なおさら現在の賃料設定が周辺の賃料相場に比べて高いのではないかということを疑ってかかる必要があります。

③建物図面

物件の各部屋の間取りや大きさ、間口などがどうなっているかを知るために、必要不可欠な資料です。収益物件が満室だった場合は部屋の中を見ることができないケースもあります。無理をお願いして賃借人に部屋を見せていただくという方法もありますが、最初の段階では建物図面を見て判断することが必要となります。

うなぎの寝床のような間口の狭い部屋ではないか、ベランダの向きが北側に振った住宅プランではないか、しっかりした広さのバルコニーがあるか、天井の高さはどうか、バスとトイレは別々になっているか、キッチンはどうか、収納は十分か、分譲マンションに比

◎レントロール

【貸室】

No.	契約面積		テナント	原契約締結日	直近契約開始日	直近契約終了日	賃料	共込賃料	坪単価	敷金(償却前	敷金(償却後)
201	30.78	9.32坪		2005/2/22	2007/3/12	2009/3/11	122,000	122,000	26,206	244,000	73,900
202	30.78	9.32坪		2006/3/9	2008/3/10	2010/3/9	130,000	130,000	27,924	0	0
203	30.14	9.12坪		2004/12/24	2009/1/4	2011/1/3	120,000	120,000	26,324	240,000	72,000
204	30.78	9.32坪		2008/3/30	2008/3/30	2010/3/29	132,000	132,000	28,354	264,000	264,000
205	31.42	9.5坪		2008/6/28	2008/6/28	2010/6/27	130,000	130,000	27,356	260,000	260,000
206	30.78	9.32坪	空	–	–	–	120,000	120,000	25,776	–	–
207	30.18	9.12坪	空	–	–	–	120,000	120,000	26,288	–	–
208	30.14	9.12坪		2008/8/29	2008/8/29	2010/8/28	132,000	132,000	28,956	260,000	264,000
209	31.42	9.5坪	空	–	–	–	128,000	128,000	26,934	–	–
301	30.78	9.32坪	空	–	–	–	122,000	122,000	26,206	–	–
302	30.78	9.32坪		2008/2/28	2008/2/29	2010/2/28	132,000	132,000	28,354	264,000	264,000
303	30.14	9.12坪		2000/2/28	2008/3/1	2010/2/28	136,000	136,000	29,834	272,000	272,000
304	30.78	9.32坪		2003/12/14	2007/12/21	2009/12/20	136,000	136,000	29,212	272,000	272,000
305	31.42	9.5坪		2001/9/28	2007/9/28	2009/9/27	134,000	134,000	28,198	268,000	268,000
306	30.78	9.32坪		2007/3/26	2007/3/27	2009/3/26	132,000	132,000	28,354	0	0
307	30.78	9.32坪		2002/1/25	2008/3/7	2010/3/6	130,000	130,000	27,924	260,000	260,000
308	30.14	9.12坪		2006/3/17	2008/3/21	2010/3/20	132,000	132,000	28,956	0	0
309	30.78	9.32坪		2008/3/29	2008/3/29	2010/3/28	132,000	132,000	28,354	264,000	264,000
401	30.78	9.32坪	空	–	–	–	134,000	134,000	28,784	0	0
402	30.78	9.32坪		2000/2/27	2008/3/1	2010/2/28	138,000	138,000	29,642	276,000	276,000
403	30.14	9.12坪		2006/6/11	2008/6/12	2010/6/11	134,000	134,000	29,394	0	0
404	30.78	9.32坪		2006/7/27	2008/7/27	2010/7/26	134,000	134,000	28,784	0	0
405	31.42	9.5坪		2006/10/22	2008/10/22	2010/10/21	134,000	134,000	28,198	0	0
406	30.78	9.32坪		2007/7/28	2007/7/28	2009/7/27	134,000	134,000	28,784	0	0
407	30.78	9.32坪		2004/6/1	2008/6/8	2010/6/7	134,000	134,000	28,784	268,000	268,000
408	30.14	9.12坪		2000/3/10	2008/3/10	2010/3/9	134,000	134,000	29,394	268,000	268,000
409	31.42	9.5坪		2007/7/30	2007/8/1	2009/7/31	134,000	134,000	28,198	0	0
計27件	829.82	251.02坪					3,530,000	3,530,000	28,129	3,680,000	3,345,900

【賃料合計】

		満室時・税抜き賃料合計(a)	現況・税抜賃料合計	敷金合計(償却前	敷金合計(償却後)
計27件		3,530,000	2,906,000	3,680,000	3,345,900

べても劣らないプランであるか、時代遅れのプランではないかということを図面から判断します。

④登記簿謄本

登記簿謄本を見ることによって「誰」が所有し、また「どこ」から「いくら」お金を借りているのか（まったく借りていないのか）ということがわかります。

たとえば地元の農家の人が無借金で建てたものであるとか、不動産業者が○○銀行から1億円の借り入れを起こして○○年前に建てた建物であるといったことは、登記簿を見るとすべてわかります。

登記簿謄本を見るときに仲介業者さんにこ

ういった質問をしてみてください。

「なぜこの売主はこの収益物件を売るのですか?」

と。理想的な答えは「事業に失敗して」または「相続で」など、お金に困り仕方なく手放すことになったという答えです。

なぜこの答えが理想的といえるのでしょうか?

本来、十分な収益を生む物件を人は手放したりはしません。

もし、「所有者はまったく困っていないのだけれどもなぜか売る」という答えが返ってきたらこれは注意が必要です。この場合、思うような収益を生まないなど物件自体が何らかのトラブルを抱えていることが考えられます。

現在の所有者が今後所有し続けるより売却したほうが有利であると判断した物件を買い受けても、購入したあとにやたら空室率が高くなかなか部屋が埋まらなかったり、賃料を常に延滞する不良賃貸人に悩まされるかもしれません。

というわけで、やはり、

「良い物件で手放したくはないのだけれど、実は○○の理由があってやむを得ず手放す」

というのが理想的な回答なのです。

◎建物図面

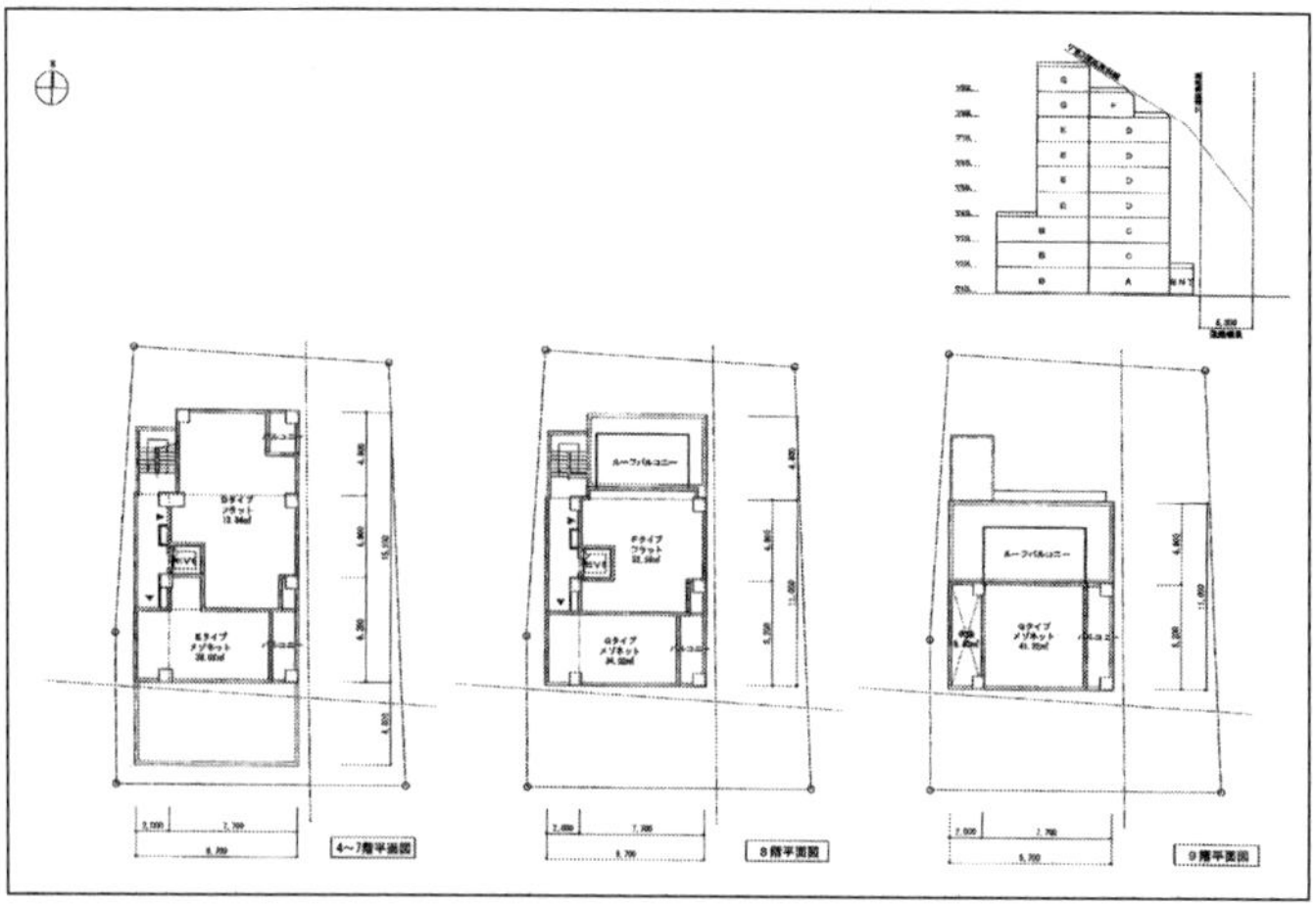

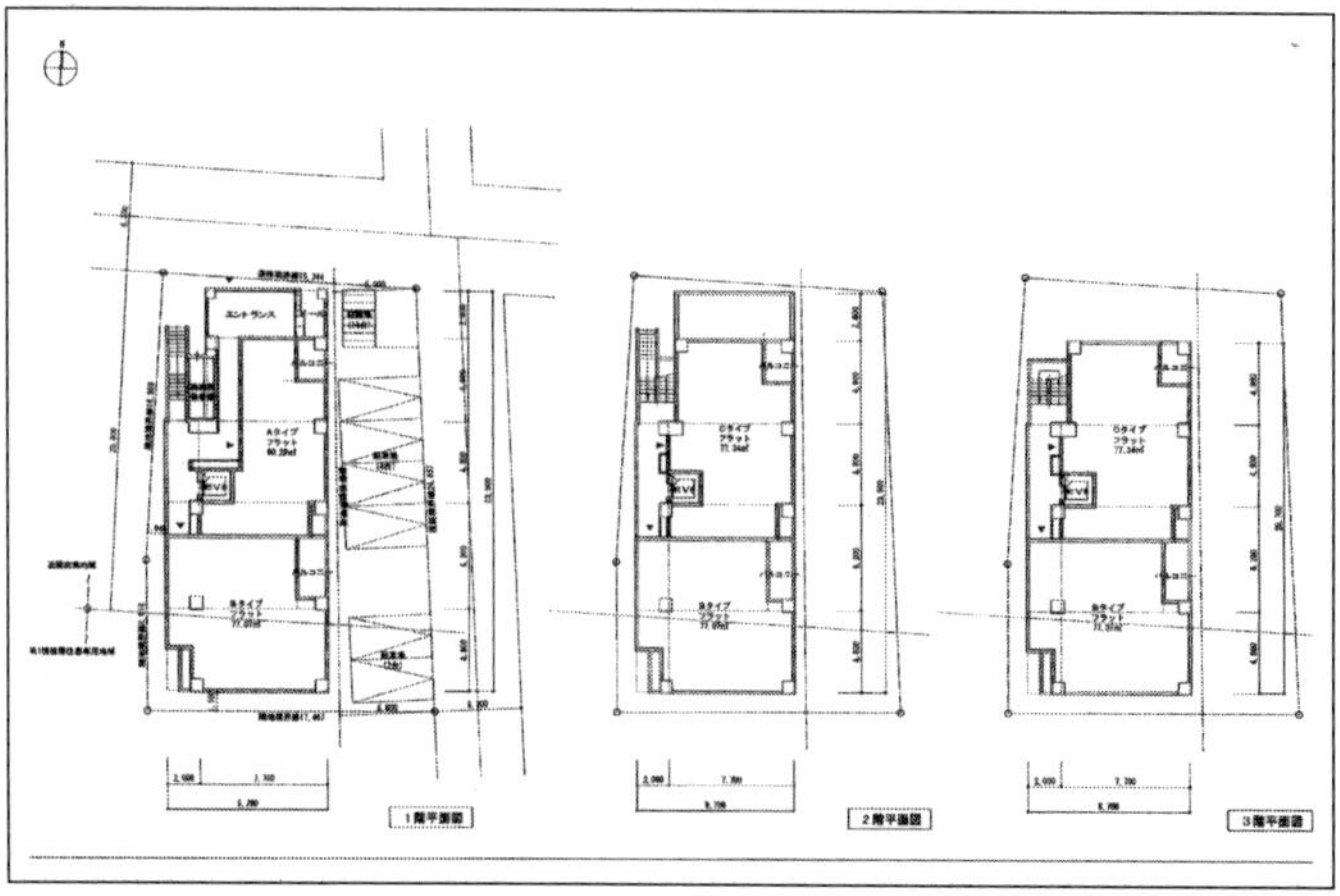

登記簿謄本を見てその事実（サラ金からお金を借りている等）の裏付けがとれるのであれば、ある意味安心して良い投資ができる可能性があります。

登記簿謄本は、もし仲介業者からもらえなければ、法務局で入手可能です。

4・物件選びで大切なこと

自分が住みたい物件を買う

収益物件の良し悪しを判断する最も単純でしかも大切な基準は、「自分が住みたいと思うかどうか」です。

物件が単身者向けで、購入者がご年配の方であるならば、自分の子供や孫にこの部屋に住まわせたいと思うかという視点で考えてみてください。

もし、自分も住みたくないし自分の子や孫にも住まわせたくないと思うような物件であれば、投資を見合わせましょう。

かつて賃貸物件が常に不足している時代がありました。ボロボロの安普請のアパートを建てても、そこに住む人は常に存在したのです。

ところが現在は賃貸市場における需要と供給が全国的に逆転しています。自分が住みたくない、自分の子供や孫にも住まわせたくない。そんな物件はその時点でダメだと思ってください。

たとえば、団塊のジュニア世代の趣味嗜好を考えてみましょう。

弊社のお客様はこの世代の方が多く、よくお話しさせていただいていますが、彼らはお金をつかうということに非常にシビアです。なぜなら、社会にデビューした頃に日本は大不況の真っただ中であり（彼らは超氷河期と言われる就職難に見舞われています）、その後10年間にわたって日本はなべ底のような景気を辿りました。

自分の親や友人の親がリストラされたり、会社や取引先が倒産したりといったことも数多くあったと思われます。

この世代の人は浮かれた良い時代を体験していないので、勢いで大きな買い物をしたり重大な決断をしません。だからといって、住まいというものに対して諦めているということではないのです。少なくとも社会に出るまでは、恵まれた幼少期を送ってきていますし、情報量が多く知識や経験も豊富で価値と価格のバランスを見極める目も備わっています。

一言で言うならこの世代はお金がなくてもおしゃれに、自分なりのこだわりを譲らずに暮らしたいというのが本音です。

上の世代はお金がなければ汚くてボロいアパートでも我慢して住むという世代です。

この違いははっきりしています。

さらに、何度も言うように以前と比べて現在の賃貸市場は需要と供給が逆転しています。

「安かろう悪かろう」の物件に将来はないのです。

どんな間取りが良いのか

賃貸物件の間取りの良し悪しを見るには、新築の分譲マンションと比較してみるのがよいでしょう。もちろん、新築の分譲マンションと賃貸アパートとでは当然差があるのですが、最新の分譲のレベルをモデルルームや完成済み物件を見て知っておくことは重要です。ぜひ見学してみることをおすすめします。

ここでは、良い間取りのポイントを簡単にご紹介します。

①間口が広い

間口が広い部屋は、間口が狭くて奥に長い部屋（うなぎの寝床といわれるような）に比べると、感覚的に広く感じるものです。また、使い勝手もよいので好まれます。

②天井が高い

最近の分譲マンションではリビングの天井の高さが2・5メートルほどあります。賃貸物件でも、2・4メートルは確保したいものです。天井が低いと、やはり部屋が狭く感じて、圧迫感を与えます。

③梁や柱が目立たない

部屋の内側に梁や柱、またはパイプスペースのような出っ張りが突き出している場合、部屋の有効面積が減り、家具も置きづらくなります。

④バルコニーが広い

分譲マンションほどでないにしても、大きめのバルコニーがついている部屋は事業主が

①間口が広い！
②天井が高い
タカイヨー
③梁や柱が目立たない
④バルコニーが大きい

しっかりした建築物を造った証拠です。洗濯物を干すという利便性だけでなく、広いバルコニーがあることによって部屋全体のグレード感もアップします。

⑤大きな窓がある

賃貸物件のなかでは、せっかく角部屋であるにもかかわらず側面の窓が小さい、もしくは窓がないという部屋が見受けられます。これも工事費削減が理由です。窓のあるなしやその数、大きさは当然ながら生活の快適性を大きく左右します。ここにも、事業主が建物を建築するうえで「良いものをつくろう」といった意思を感じることができます。住む人への配慮に富む良い間取りの住宅は、すなわち良い投資物件なのです。

水回りのグレードがポイント

投資用不動産の購入を検討するにあたっては、平面図やプランを入手します。
この平面図を見て何に注目すればよいのでしょうか?
お客様に長く愛され空室率が低く保てるのはどういう物件か、ということをここでは考えていきます。

まず、単身者用の物件であれば、各住戸の広さ（専有面積）がポイントです。私の学生時代（20年以上も前！）は16〜18㎡のワンルームが一般的でした。なかには10㎡前半というたものも存在しましたが、ここ10年ほど新たに供給されている単身者向けの住宅は今や25㎡以上が中心になっています。学生や、収入がまだ多くない単身者の方でもより広い部屋を希望します。単身者向けマーケットで勝ち残るには、まず広さが肝心です。

同じく単身者向けを例に、今後の競争力を見すえたポイントをお伝えしておきます。

まずキッチンに注目します。バーナーといわれるコンロが2個程度は設置されているでしょうか？　ある程度の調理ができるキッチンスペースや設備があるかどうか、これは特に女性にとっては大切なポイントです。かつての10㎡台のワンルームマンションでは、手を洗えるくらいのシンクに、お湯を沸かせるくらいしかできない電熱器が一つついている程度でした。こういった設備はすでに時代遅れといえます。

次にユニットバスとトイレが分離されているか。これも現在の単身者向けスタンダードは分離されており、将来の競争力を考えた場合は押さえておかなくてはいけません。

次に洗濯機置き場です。このスペースがない古いマンションやアパートがいまだにけっこう存在しますが、外置きやベランダ置きは時代遅れの物件です。

次にロフトです。ロフト付き物件が出始めた頃は、ロフトにより人気が上がり賃料も高く設定できました。しかし、ロフト自体の使い勝手の悪さや空間の狭さ（天井の低さ、圧迫感）、また夏場には熱がこもるという点などから、現在ではロフトが付いているからといって、より高く貸せるということは想定しないほうが賢明です。ロフト付き物件がすでに大量に供給されていますし、居室としての有効性を現在の賃借人はあまり高く評価していないようです。

次に収納です。しっかりした押し入れや靴入れなどの収納スペースがあるかどうかということは、現在も重要視されます。このあたりは女性の目線で厳しく判断する必要がありますので、購入者が男性の場合は、奥さんや女友達に意見をたずねてみてください。

以上述べてみた間取りや設備の見極めは、決して特殊なことではありません。「自分が住みたいか」ということを念頭におけばおのずとわかってくることではないでしょうか。

繰り返すようですが、

「この部屋でこの家賃なら私が住みたいぐらい！」

もしくは、

「自分の子供に住まわせたい！」

と思える物件以外は、絶対に手を出さないでください。

建物のチェック方法

建物自体のグレードは、ある程度外観から判断することができます。これは単身者向け、ファミリー向けに共通しています。

まずは、角部屋を見てください。側面に窓はありますか？

先ほども述べましたが、安普請で、建築コストを安く済ませようとした建物には、角部屋にもかかわらず側面に窓がまったくないか、非常に小さい窓しか設置されていないというケースが多々あります。これは賃借人のことを考えて設計および建築されたとは言い難い建物です。

角部屋は、採光や風通しの良さから、いつの時代も好む人がいて、その分高く貸せる余地があるのです。さらに空室率も他の部屋に比べれば低く抑えられるにもかかわらず、しっかり開閉できる窓がないような角部屋では意味がありません。

次に建物の基礎の部分を見てみてください。基礎とは建物構造における土台部分です。コンクリートにクラック（ひび割れ）が入っていることはないでしょうか？　またジャンカと呼ばれる玉砂利が露出していないかもチェックしてください。鉄筋コンクリートのマンションであればコンクリートがむき出しの部分を見てください。同じくクラックがないかどうかは最低限確認しておきましょう。

次に外階段や外廊下またはバルコニーの鉄の部分を見てください。この鉄の部分が錆びていることはないでしょうか？

鉄部分のチェックは、しっかりとした修繕を旧オーナーが行ってきたかということを確認するうえでも重要です。本来、鉄筋コンクリート造のマンションは外壁の塗装や屋上やバルコニー部分の防水工事、コンクリートのクラックの補修工事、鉄部の再塗装を10年から12年ごとに一度行うのが適切です。

もし、築10年以上経過している鉄筋コンクリート造のマンションで、過去一度も修理修繕をしていなければ、買った直後に大規模修繕工事を行う必要が出てきます。

木造アパートも同じです。これもやはり5年に一度程度、外壁や鉄部等の塗装を行う必要がありますので、そういった修繕をしてきた物件かどうかを確認します。仲介業者を通

じて過去の修繕の履歴を聞いてみましょう。

ある程度築年数が経過した物件で、見た目にも、また修繕の履歴からも直近で購入後に大規模修繕をする必要があるならば、工事会社にその費用を見積もってもらいその分を購入後に必要な費用として考慮に入れるか、減額交渉の手段とすることもよいと思います。

「このマンションは本来すべき工事をやっていない。だから、工事費用分の減額を検討してほしい」

というのは理にかなった交渉です。

書面上のチェック

リートや不動産ファンドが、日本の不動産に対して投資する場合、必ず「地震」を考慮するのは常識です。「日本は地震大国であり、いつどこで大地震が起こるかわからない、その可能性は常にある」という前提で取引されているのです。東日本大震災によってもその判断の正しさは証明されたことになります。

リスク解説のページで説明したとおり、投資を決める際に、必ず大地震を念頭におくことを忘れないようにしましょう。

まずは、投資しようとしている物件に「検査済証」が存在するかどうかを仲介業者さんを通じ売主に確認してください。

建物を建てるときに、その土地に対して建築基準法上、都市計画法上、その他条例や建築指導要綱上、すべてクリアした建築計画（建築図面）を各自治体や検査機関に提出します。これには当然構造計算書も添付されています。この書面や書類を自治体や検査機関等がチェックし、合法である、つまり先述のすべての法令や指導要綱に適合した物件であるという申請に対して「建築確認認可証」が発行されます。これにより初めて建築可能になるのです。そしてその計画通りのものを建てて完成したのち、さらに自治体や検査機関に対し申請した通りのものができているかチェックし判断してもらいます。これにパスし、合法的に申請書通りの建物ができているときに発行されるのが「検査済証」なのです。

言い換えると、法令において合法であった申請図面とは違うものを建てた場合にはこの「検査済証」は発行されません。つまり違法建築である可能性があるのです。

実は「検査済証」をとるかどうかは施主の任意事項となっています。また、先般の耐震偽装事件でも明らかなように「検査済証」があるからすべて安心というわけではありません。しかし、金融機関でもこの「検査済証」がない物件に対しては融資実行不可となるか、または非常に消極的な対応になりますので、必ず入手するようにしてください。

また、47ページで述べましたが、物件が旧耐震基準で建てられた建物か新耐震基準で建てられた建物か、という点もきちんと確認しなければなりません。

売主、施工会社を調べましょう

物件の売主が個人であるならば、施工会社をまず確認してみましょう。建物が木造であっても、大手ハウスメーカーやそれに準ずる建築会社であればある程度安心できます。

2×4（ツーバイフォー）の工法は耐震上は非常に堅固であるということが阪神淡路大震災でも証明されていますので、この工法を用いている施工会社であれば物件としての評価は高まるでしょう。

地元の工務店など中小企業であるならば、会社自体がなくなっているというケースもありますので、その会社が現存するか確認してみてください。会社の信用情報は帝国データバンクや商工リサーチ等で入手することが必要ですが、まずはホームページの情報などか

◎検査済証

建築基準法第７条第３項の規定による

検 査 済 証

第 [illegible] 号

平成 4年 2月 4日

建築主事 [redacted] 印

下記に係る工事は、検査の結果、建築基準法第６条第１項（建築基準法第６条の２第１項の規定により読み替えて適用される同法第６条第１項）の建築物の敷地、構造及び建築設備に関する法律並びにこれに基く命令及び条例又は同法第88条に掲げる条項並びにこれに基く命令及び条例の規定に適合していることを証明する。

1.確認番号	第 [redacted] 号	
2.確認年月日	平成 [redacted] 年 10月 23日	
3.建築場所又は築造場所	[redacted]	
4.検査を受けた建築物、建築設備若しくは工作物又はその部分の概要	主要用途	寄宿舎
	工事種別	新築
	構造	鉄筋コンクリート造 4 階建
	延べ面積	[redacted] ㎡
5.建築主又は築造主住所氏名	港区南青山 [redacted]	
6.工事完了検査年月日	平成 [redacted] 年 2月 7日	
7.検査員職氏名印	主事 木村順子 印	

〔注意〕この証は確認通知書と共に大切に保存しておいて下さい。

〔建築基準法施行規則第７号様式（第４条関係）〕

らその会社がどういった建物を建築しているのかを調べてみてください。

地元で長い歴史があり、庁舎や図書館などを建築しているそれなりの規模の会社なのか、それとも小さい工務店なのか、購入する前に知っておく必要があると思います。

ただし建設業界のわかりにくいところは、大手だからしっかり工事をしている、手抜き工事は一切していないと言いきれないところです。なぜなら彼らは工事の元請けに入るだけで、実際に工事を行うのは大工を数名かかえる小規模工務店といったケースがほとんどだからです。もし、建物の良し悪し、手抜き工事のありなしといった点が不安であるならば、やはり一級建築士などの専門家に検査を依頼することをおすすめします。

次に売主が不動産会社または建設会社であった場合には、彼らが売主としての責任（瑕疵担保責任や購入後のアフターサービス）を行っていけるだけの財務体質があるかどうかを厳しくチェックする必要があります。

昨今の市況下では、不動産会社や建築会社が経営を持続できなくなるケースが続出しています。買ったあとにクレームや瑕疵担保の責任を追及しようと思っても、その会社自体がなくなっているということも大いに考えられるのです。

5・家賃相場・空室状況の調べ方

ネットで相場を調べよう

投資を検討している物件の利回りが何％かということも非常に大切ですが、その前に、現在の賃料が適正であるかどうかを調べる必要があります。

いま現在全室埋まっているとしても、空室が出た場合、いまと同じ家賃で貸すことができるかどうか検証が必要です。まず坪賃料を出してみましょう。

仮に25㎡（7・6坪）が平均8万円だとします。この場合坪賃料になおすと約1万500円になります。この坪賃料が周辺の相場に比べて適正か、割安感があるか、逆にすでに割高になってしまってはいないかということを調査していきます。いちばん簡単な方法は、インターネットなどを利用して当該物件と同じエリアの相場を調べてみることです。ただし、同じような物件が同じ坪賃料で多く貸し出されているからといって安心はできません。これはあくまでも表示価格であり、成約賃料ではないのです。その価格ではすでに高いゆえに数カ月間埋まらずいまだにネットで募集されているという可能性があります。

さてその真偽を確認するにはどのようにしたらよいのでしょうか？

自分で借りるふりをして賃貸業者をまわる

実勢の賃料を調べる有効な方法は、自分が部屋を借りるという前提で物件周辺にある不動産業者さんをいくつかまわって話を聞いてみることです。地味な方法に思えますが、これが現場を調べる確実な方法なのです。

このとき自分が投資しようとしているマンションと同じような広さ、価格帯、間取りの物件を探していると不動産業者さんに伝えるのです。そこでいくつか同じような物件が出てきた場合に、ネットなどでつかんだそのエリアの相場感を念頭に置きながら、「もうちょっと安くならないか」と聞いて相手の反応をみてください。

そのエリアで実際に供給過剰であるならば、賃貸あっせん業者のほうから、「この物件はいま8万円で募集しておりますが、礼金なしのさらに賃料5000円引きでも可能です」

ともちかけられるかもしれません。

投資対象物件が存する同じエリアで賃貸業者さんから生の声を聞くことにより、賃料相場の実態が見えてくるはずです。

「地図」と「歩き」と「聞き込み」で周辺環境を三重チェック

これはすでに書きましたが、物件の周辺環境を確認するには1万分の1の地図、ゼンリンの住宅地図を持参し周辺を歩きまわり、地図上で気になる施設、つまり音や臭いの出るような施設や24時間操業しているような施設また氾濫の可能性や臭いの原因になるような河川をくまなくチェックする必要があります。

もちろん物件周辺だけでなく最寄りの駅からのアプローチも要確認です。昼と夜および休日と平日、実際に歩いて調査をすべきです。

そこにさらに何を加えたら良いのかというと「聞き込み」です。

まずは投資物件の隣接、近隣に住んでいる方に聞いてみましょう。

「今度この近くに越してこようと思っているのですが、このあたりの環境はいかがですか？ 近くに工場がありますが音や臭いは大丈夫でしょうか？ あそこに〇〇川がありますが、これまでに川があふれて浸水したようなことはありませんでしょうか？」

といったことを複数の方に聞いてみてください。生の声はとても役に立つものです。

住み心地を住人に聞いてみる

すべての部屋が満室で、実際に部屋の中を見ることができないときがあります。

平面図の間取りや建築確認申請図面を見て、ある程度の住み心地や住環境を想像することはできますが、完全ではありません。ここでも聞き込みは有効です。

非常に地味な手法ではありますが、住人の方がこのアパートなりマンションから出て来られた際に声をかけ（それが無理であればインターホン越しに）訊ねてみてください。

「私は〇〇から来ました〇〇と申しますが、実は今度このマンションに越してこようと思

日当たり
いいですよ！

っているのですが、住み心地はいかがでしょうか？　防音や日当たりはいかがですか？」名を名乗って丁寧にお聞きすれば、私の経験上９割以上の方が、短いコメントですが答えてくださいます。

この住人の生の声というものに、平面図や建築図面からは読み取れない情報が多く含まれています。ぜひトライしてみてください（裏ワザですが、もしみなさんが地方の方言などを話せるのであれば、その方言を使うことをおすすめします。ちなみに私は父が北関東の訛りが強く、調査の際にその口調をまねて訊ねると、親切に回答いただける率が抜群に上がります）。

新築の賃料はプレミアム賃料。５年たてば中古物件

新築のアパートやマンションは賃貸市場でも当然ながら人気があります。おそらく一般の投資家からしても新築の物件は投資対象として価値が高いと思います。２０９ページで説明する減価償却によるキャッシュフローを考えたときも、新築であればあるほど耐用年数が多く残っていて、手元に残る現金も多くなります。

ただし一つだけ注意点があります。

賃貸市場において新築物件というのは、それだけで部屋が埋まりやすく賃料も相場より高く設定できます。一般の賃料相場では坪単価10500円であったとしても、新築ゆえに11000円や11500円といったプレミアムを上乗せした賃料を設定されることが多いのです。

しかし、長期でアパートローンを組んで購入する場合には、5年後10年後の賃料収入を想定しなければなりません。新築を買ったとしても、5年後10年後には中古の物件と同じくらいまで賃料を下げる必要があることを忘れてはなりません。それでも十分に事業収支や返済計画が成り立つものでなければならないのです。

新築物件は、大規模修繕を行う期間が直近ではないので、その出費を考えたうえでのメリットが大きいのも事実ですが、新築ゆえに一時的に高く貸せている、または新築だから部屋が埋まっているという事実があることも忘れないでください。

6・物件の事情を調べる

すべてに対して疑ってかかる

　プロの投資家や不動産会社の不動産仕入担当者は、すべてにおいて疑ってかかることを常としています。

　たとえば、ある程度不動産の良し悪しが判断できる目を養った段階で、良い立地で利回りも高い、なおかつまだ他の投資家には情報が出ていない「これは！」と思う物件に出会ったとき、非常に喜び、できればすぐに契約をしたいと誰もが思うものです。喜ぶことは悪いことではありませんが、ここではプロの不動産投資家同様にみなさんに以下のようなことを同時に考え、その答えを追及してほしいと思います。

①なぜそんなに良い物件を売主は売るのか？

本来、好立地高利回りの良い物件を売主が手放すはずはないのです。前述したとおり、なぜ売主は売却するのか、何か問題があるからこの物件を売るのではないだろうかとつきつめて調べる必要があります。そのときに、特に理由は見当たらないのであれば、さらに疑ってかかる必要があります。

空室率が上がってきてなかなか賃借人がつかない状態となり、売却を決断している場合や、不良賃貸人に悩まされもう賃貸経営をしたくないといった考えから、また、築年数が経過したため修理修繕に相当な費用がかかるから、といった例がよくあります。マイナス要素が判明した場合は、リスクを差し引いて購入金額（投資金額）を判断する必要があります。

②なぜ私にこんな良い物件が巡ってきたのか

良い物件に出会うと「自分はツイてる」と高揚することでしょう。
しかし、プロは逆のことを思います。

「私だけにこの良い情報が巡ってきたのではなく、他社（他者）もさんざん検討した結果、何か理由があって自分のところに回ってきたのではないか」

と。実はこういった思考は投資をするうえでのリスク回避には不可欠なことです。

本当に何の問題もない優良な物件であるならば、自分以外にも買いたいと思う投資家が多数存在すると思うべきなのです。同時に、彼らとの契約に至るまでの競争が始まるというふうに考えるべきです。

物件が投資適格であると判断したならば、そのあとの行動にはスピードが求められます。買付書を早急に出す、契約日の設定を申し出る、融資の打診を銀行に行うなど、他者との競争で一歩先をリードし優位に立つ必要があるのです（契約の手順については6章で触れています）。

③売主または売主側の専任業者さんと会う

一般に仲介業者といっても、投資家サイドからみると2種類の仲介業者がいます。

（イ）売主から売却を委託されている売主側の仲介業者

（ロ）売主側の仲介業者から情報を入手し、物件を紹介している買主側の仲介業者

◎優良物件とNG物件

優良物件

①誰もが知る人気沿線にあり、またはそのエリアに準ずる立地にあり、5年後10年後も将来にわたって強い賃貸需要が見込まれる物件
②周期的に外壁の塗装や鉄部の錆び止め、再塗装、給排水管の補修・交換等のメンテナンスがしっかり行われている物件
③周りに更地が少なく、今後の新たな賃貸物件が供給される可能性が少ないエリアにある物件
④地方都市であっても、誰もが住みたいエリアであると支持を得られている、環境と交通の利便性も良く高い利回りの物件
⑤建築確認認可証や建築確認申請図面、検査済証等がそろっていて、さらに過去の修繕の履歴がはっきりわかる物件
⑥周辺の賃貸マーケットを見ても空室が少ないエリアに建つ物件
⑦共用部分の清掃が行き届き綺麗に維持管理されている物件

NG物件

①周辺の相場より明らかに高い賃料で賃貸契約されている物件
②満室想定の利回りは表記上10%以上であるが、実際には空室率が20～30%を超え、今後も空室率を抑える方策が見当たらない物件
③交通の利便性がバス便、徒歩20分といった悪い場所にあり、一部の特定の大学など教育機関や工場の労働者のみを賃借人に想定している物件
④旧耐震構造の建物でなおかつ地盤の悪いエリアに建つ物件
⑤物件周辺に多くの更地が存在し、今後も新たにアパートやマンションが建築される可能性の高いエリアにある物件
⑥競合物件が多数ありながら、物件の近傍または隣接に音、臭い等を発生させる工場等の嫌悪施設が存在したり、日当たり、眺望が極端に悪い物件、または北西北東等バルコニーの向きが北に振っている物件
⑦地方の物件でありながら敷地内および隣接等に駐車場が戸数分確保できない物件
⑧地域の人口の減少が著しく、過疎化がすすんでいるエリアにおける高利回り物件
⑨検査済証のない物件、または違法建築、既存不適格物件、建て替え不可の物件
⑩ネット等で検索しただけで同エリアに同じような広さで賃借人募集中の物件が大量に存在する物件（完全に供給過多のエリアに建つ物件）

みなさんのような個人投資家は買主側の仲介業者を通じて情報を入手するしかありません。そのため、売主に対するさまざまな情報や価格交渉がどれくらいできそうかということ、また、この情報がどれだけ広まって現在何人の人間が検討しているのかといった競合に関する情報などが正確にわからないケースが多いのです。買主側の仲介業者が非常に優秀であったとしても、真の情報を正確に入手し、みなさんに伝えることは残念ながらなかなか難しいのです。

ですから、私は売主側の業者さんと直接面談の機会をつくってもらうことをおすすめします。そこで初めてわかる事実が多々あるのがこの業界の常です。

「手数料は御社にしっかりお支払いしますので、ぜひ売主側の業者さんに会わせていただきたい。買付書を一緒にお持ちしましょう」

と買主側の仲介業者に提案してみてはいかがでしょうか？　断る理由はないはずです。仲介業者からすれば、買うか買わないかわからない時期にわざわざ時間をつくって売主側の仲介業者に会わせるということはしないでしょうが、買う意思があり買付書を持参するのであれば会わせてもらえるのではないかと思います。その機会を得たら、疑問に思っていることを直接売主側の仲介業者にぶつけてみたらよいのです。

ときどき売主側と買主側の仲介業者が同一の場合があります。実は投資家からすればこういったパターンがいちばん望ましいのです。1社であればさまざまな思惑なくダイレクトに売主側の情報が入ってくるはずですし、彼らは両手取引（売主買主双方からそれぞれ3％の手数料をもらえる取引）となりますので、他に業者が1社入るより熱心に成約に至るよう仲介業務を行ってくれるでしょう。

とにかくできるだけ、直接売主から売却情報を預かっている業者と取引ができるようにすることが大切なのです。これはプロの世界でも同じで、直接の情報をもつ業者さんを常に探しているのです。

繰り返すようですが、一見優良に見える投資物件の情報が入手できたときにも、自分だけに偶然幸運の女神が舞い降りたと喜んですぐに契約したりせず、まずは疑ってみて慎重に一つひとつの疑問を解消していきましょう。

失敗例
その1

医師Aさん

（45歳、仙台市在住、年収1500万円）

Aさんは10年ほど前に電話による勧誘でワンルームマンション投資というものを知りました。頭金なしの全額ローンで借り入れを起こしても月々の返済は家賃収入から支払われるので持ち出しもなく、返済が終わったあとは名実ともに自分のものになり、将来の年金がわりになるといった説明を受けました。年収はありましたが預貯金があまりなかったAさんは、これなら自分でも投資できると思い、東京都内の新築ワンルームマンションを購入しました。

その後、数年おきに同じように3戸のワンルームマンションを平均1500万円程度の価格で購入し、税務の申告も不動産管理会社が代行して行ってくれるので面倒にも思いませんでした。ところが購入してから5年ほど経って当初の賃料が取れなくなり、3物件のうち2物件は毎月数万円の持ち出しをして金融機関へ返済しなければならなくなりました。

この物件を紹介してくれた会社からは「都内なのでいつでも良い値段で売れる」と言われていたので売却しようと思ったところ、築浅にもかかわらず購入金額の6割程度でしか売れないと査定されました。

Aさんのいちばんの問題点は東京に土地勘がないにもかかわらず、営業マンに言われるがまま東京都というだけで相対的に立地の劣るワンルームマンションに投資をしてしまったことです。

さらに「毎月持ち出しなし」という謳い文句は、賃貸市場のバランスと金利変動のリスクを考慮しない一時的な現象なのですが、そのリスクに気づかず、頭金を必要としないという手軽さゆえに簡単に全額ローンを組んでしまったことも問題です。

新築当時はただ新築であるというだけで需要もありますが、数年経てば周辺相場並みの賃料になり、立地が劣るためエリア全体の賃料も下落し続けています。

このような状況になってからでは、我々のようなプロでも残念ながら抜本的な解決方法は見出せないのです。またこのワンルームマンションの利回りは約5%程度でしたので、長期金利が少しでも上昇すると月々のキャッシュフローは逆ザヤになる可能性を秘めているのです。

新築ワンルームマンションの価格は、中古市場に出た途端に急落することは避けられません。もちろん立地にもよりますが、購入して数年後には数割安くしなければ売却できないのが普通です。

Aさんのように、支払開始から5年程度しか経過していない場合はまだ銀行への借入金額がほぼ全額残っている状態です。よってこの時点で売却した場合、中古での売却金額との差額数百万円を持ち出して銀行に返済をしなければなりません。

今後も賃料の下落や空室率の上昇が想定できる物件であるにもかかわらず「売りたくても持ち出し金額があまりに多額なために売れない状態」に陥ってしまっていたのです。

Aさんの場合、年収が高いゆえにこの3件の投資によって破綻することはないと思われますが、一般のサラリーマンの場合はこういった投資が命取りになることがあるのです。

「売るに売れない物件」を維持するために毎月自分の給与から持ち出しをして銀行の返済にあてていく例は、ワンルームマンション投資によくある典型的な失敗パターンといえます。

第5章

お金の話

1・すべてのスタートは貯金から

貯金で広がるチャンス

以前、「¥マネーの虎」という起業家と投資家のマッチング番組があったのを覚えていますか？　数名の現役社長の前で、起業家志望の応募者がビジネスプランのプレゼンテーションを行い、それに対して強烈なダメ出しをされたり、ときには数百万円以上の投資が実際に決まったりするというなかなかエキサイティングな番組でした。

しかし、この番組はいつの間にか終了してしまいました。事実確認はしていませんが、噂によるとこの番組がそれなりの視聴率を稼ぎながらも終了してしまった理由は、出資を受けた事業の多くが上手くいかなかったことにあるそうです。

当初から番組を見ていて、違和感を覚えたのは、事業提案を申し出るなどの起業家志望者も、自己資金つまり預金をほとんどもっていなかったということです。
私は、直観的に、貯金がないのに（つまり自分の汗水たらしたお金を供出することなく）他人のお金で事業を行おうと考える人間が、そのアイデアだけで成功することはありえないだろうと思っていました。

「占い」が貯金のきっかけ

ここで、話は少し逸れますが、私自身のことをお話しさせていただきたいと思います。私も20代半ばまではほとんど貯金をしていませんでした。しかし、実は不思議な体験が契機で、お金を貯め始めたのです。

もう25年以上前の出来事です。ある日渋谷で友人たち4人で集まりお酒を飲んでいました。そのなかの一人の女性が手相占いに行きたいと言い出しました。

当時、渋谷センター街の路上の両側には手相を観る占い師の方が何人もいました。そのなかでいちばんご年配と思われる老婦人のところで彼女は手相を観てもらいました。彼女のあとに私も勧められたのです。私は断りましたが、料金が千円であったということと酔いも手伝って、まったく信用していなかった占いを一度だけ受けてみることにしたのでした。

自分の生年月日と名前を紙に書き、ただ、手を広げて差し出しました。そこで、その占い師は驚くべきことを私に告げたのです。それは、気管支が昔から弱いという事実や家族関係、私の本質的な性格……。いくつかの他人が知りえない事実をいきなり告げられました。私は酔いが醒め、姿勢を正して次の言葉を神妙に待ちました。私があまりに前のめりになって話を聞いているので、背後からは友人の笑い声がしてきました。しかし私は真剣でした。

そして、手相占いの結論として、老婦人が私に言ったことは次の二つだったのです。

一つめは「一生懸命仕事をしなさい」。二つめは「貯金をしなさい」。

みなさん驚かれるかもしれませんが、本当にこの二つだけなのです。

私は、東のほうに住めば運勢が上がるとか、黄色いものを身に付けろとか、どうせそんなことを言うのだろうと思っていたのですが……。実に母親が子供に言うようなことを言われたのです。

しかし、その言葉の前にさんざん自分の個人的なことを言い当てられていたので、非常に神聖な気持ちでそれを受け止めました。そのときはオーバーでなく「神の声」を聞いたような気持ちになったのです。

私は次の日早速、会社の総務部に電話して、社内預金毎月10万円、財形貯蓄毎月3万円を給与から天引きしてもらうようお願いしました。

結果として、その後、私が32歳で会社を辞するときには約1300万円の貯金ができていました。この資金を持って私は起業したのですが、最初の3年間は貯金が減る一方でした。ほとんど底をつきかけた頃、どうにか仕事が入ってくるようになりました。

あのときの忠告と実際に貯金をするという習慣を身に付けていなければ、私はいまのように会社を経営していることも、また、こうして本を出版させていただくようなことも決してなかったと思います。

これは投資の本ですから、投資のためにまずはその原資となる貯金が不可欠だとお話しするのが本筋です（自己資金の額とリスクの関係は32ページで述べたとおりです）。

しかし、不動産投資をせずとも、私のように将来独立することもあるかもしれませんし、何らかの事情で会社を辞めたり、他の道へ歩み始めるといったこともあるかもしれません。そのときにまとまった貯金は経済的、精神的に後ろ盾になってくれるはずです。

ぜひとも、貯金の習慣を身に付けてください。

2・利回り計算

表面利回りと純（ネット）利回り

基本の基本ですが、「利回り」について、まず正しく理解しておいてください。

ある一定のお金を貯金した場合、年間でどれくらいの金利がつくのか、というのが一般的な貯金の利回りです。これと同様に不動産投資においても、「一定額を投資して年間どれだけの家賃収入が得られるのか」ということを利回りが表します。

不動産の取引においてつかう「利回り」には2通りあります。

それが「表面利回り」と「純（ネット）利回り」です。

表面利回りは、年間の家賃収入÷不動産の購入金額という単純な計算式で求められます。

◎利回り計算

表面利回り（％）
=年間家賃収入÷物件価格×100

純（ネット）利回り（％）
＝（年間家賃収入－年間の運用経費）÷
（物件価格＋購入時の諸経費）×100

いろいろな物件を見ていくと、このエリアでこれだけの築年数で表面利回り○○％という物件が出てきたときに「この利回りならお買い得かもしれない」とか「この場所でこの低い利回りでは検討に値しない」といった、投資の入口レベルで判断する重要な材料となるのです。

ただし、この表面利回りは、あくまでも概算であり、おおよそ割安か割高かといったことを判断する材料とはなりますが、より具体的に投資の適性を判断するには、次に説明する純（ネット）利回りを計算しなければなりません。

純（ネット）利回りとは、実質の投資金額に対してどれだけの純利益を得られるのかということを計算したものです。

具体的な計算式は次のようになります。

まず分母となる投資金額は、物件価格（消費税込み）＋仲介手数料＋登録免許税（登記費用）＋不動産取得税となります。この合計が不動産を購入するときにかかる実際の費用となります。もしも購入後に修理修繕や改築・リノベーションが必要であると判断するならば、その費用も投資金額に加えるべきでしょう。

次に分子になる実収入は年間の賃料（家賃収入－管理費＋固定資産税等）となりますが、空室の実態があるならば、その賃料分を差し引く必要があります。

また、長期にわたっての事業収支を組むときなどは、ある一定の空室が発生するであろうと判断し、数パーセントの空室率を見込むことも必要です。この分子を分母で割ると純（ネット）利回りが出ます。当然ながら、表面利回りに比べ、純利回りは低下します。一般的には約1％程度は低下するケースが多いようです。仮に表面利回り8％であっても、純利回りを計算してみると7％を切る数字となることが大いにあるのです。

純（ネット）利回りで計算しないと意味がない

バブル期のように元本保証の投資商品の利回りが7％を超えるような時代になったとす

るならば、純利回り7％の不動産投資物件は相対的にきわめて魅力がなくなります。

不動産投資の命である利回りは、正確に純（ネット）利回りを算出したうえで他の投資商品と比較し、全資産の何分の一を不動産に振り分けるべきか？ それともそもそもその物件は投資に見合わないのか、または見合うのか、を判断しなければなりません。不動産の投資には、さまざまな経費や税金がかかりますので注意が必要です。

他の投資商品と利回りを比較する

不動産投資のデメリットは、①流動性の低さ（売却に時間がかかる）、②元本の保証がない（買った額と同じ値段で売れるとは限らない）、③管理とメンテナンスの必要性（家賃滞納者への催促や清掃などの管理、建物の修繕工事が必要）です。

他の金融商品に比べ、実物への不動産投資はいくつかのリスクとわずらわしさが発生します。それゆえに、その分をリスクプレミアムとして上乗せした高い利率を求めなければいけません。

このリスクプレミアムの幅が何パーセントであれば適正であるのか、といったものは各物件によって異なりますし、各々の投資家にとっても求めるものが違うことでしょう。

しかし、少なくとも他の金融商品と比較したときに十分なリスクプレミアムの乗った純（ネット）利回りの物件を探し出さなければならないことを念頭に置いてください。

また、弊社のお客様から、

「地方都市や郊外の利回りの高い物件に投資すべきか、都心部の物件に投資すべきか」

という質問をよく受けます。利回りが高いほうがローンも組みやすく投資した金額に対して手元に残る額も多くなります。

しかし、高い利回りにはそれなりの理由があります。

地方のほうが人口減少の影響は大きく、現在の高利回りは、将来、空室率が上昇し家賃が低下するというリスクを織り込んだ利回り設定（＝価格設定）であるともいえるのです。

高い利回りの投資物件は、将来のリスクを反映した結果である可能性が高いということも覚えておいてください。

3・銀行との付き合い方

お金を借りるために

全額キャッシュで投資物件を買う人以外は、金融機関と付き合わなければいけません。金融機関と一言で言っても、現在は融資条件も融資の可否も銀行によってかなり異なっています。投資する物件のエリアや規模により、固定金利で借りることができる年数も3年から10年と差があり、金額についても物件価格の数十%から100%と大きく異なります。

ただし不動産が値下がり基調のときには各行がいっせいに個人投資家向けの融資（通称アパートローン）を貸し渋る傾向にあります。弊社のお客様の事例を見ますと、リーマンショック前までは銀行金利を比較していちばん安いところを選択するという状況でありましたが、現在では、○○銀行ともう一行しか融資の承認がおりなかったというケースが増えてきています。

まずはアパートローンを得意としているオリックス銀行やスルガ銀行、その不動産投資物件が存する地域の地方銀行のアパートローンを調べてみてください。もちろん、メガバンクも条件によっては融資してくれます。

投資適格と判断しこの物件を買おうと思った段階でいくつかの金融機関に並行して相談することが不可欠になります。なぜなら、各行の判断によって融資金額は大きく異なりますし、金利も異なります。

自分が用意できる頭金と金融機関に融資してもらえる金額を合わせても売買金額に達しないのであれば、当然ながらその不動産に投資することはできません。

また、自分が必要とする融資金額のＯＫが出たとしても、金利が高いということも多々あります。返済期間にもよりますが、金利が高い分月々の返済金額が多くなりますので、手取りのキャッシュフローは減っていくことになります。

アパートローンの基礎知識

収益用不動産を購入するときに組むローンを、通称アパートローンといいます。アパートローンは、自分が住むための一戸建てやマンションを購入するときに利用する住宅ローンとは異なり、一般的に借り入れ金利が高くなります。これは、アパートローン自体が大家業を営むための事業資金的な要素があるからです。

また、アパートローンは、住宅ローンのように30年または35年といった長期の固定金利で借り入れをすることはできません。一般的にはせいぜい3年から5年程度、長くても10年といった期間の固定金利となるか、または変動金利のローンがほとんどです。

住宅ローンはどの金融機関でも積極的に貸し出しを行っていますが、アパートローンに関しては必ずしもそうとはいえません。融資期間や金利および融資条件も、一般の住宅ローンに比べて、金融機関ごとに差があります。よって、不動産投資家は自分にできるだけ好条件で融資してくれる金融機関を探さなければなりません。

比較的融資を受けやすいのは、信託銀行とその物件のある地方銀行だといわれています。

投資対象物件が決まったときには、複数行に融資の打診を行い、そのなかで借り手にとっていちばん有利な条件（低い金利、長期間にわたる融資、融資額）で決定していくことになります。

銀行は何を見て融資の判断をするのか

銀行は、仮にAという個人投資家が物件Bに投資することにおいて審査をする場合、いったい何を見てどう判断し融資の可否や融資額の上限を決めているのでしょうか。

まず第一は物件の担保価値です。いざ返済が滞れば銀行は投資用物件に抵当権をつけて融資金額の回収をはかりますので、投資しようとしている物件の鑑定評価をします。評価金額100％を融資することはありえませんのでさらにこの金額の70％の掛け目で融資することになります（この掛け目の率も物件固有の問題点や築年数等によって異なります）。仮に1億円の鑑定評価で掛け目を70％とすると融資額は7千万円が上限になります。

つまり、1億円の投資物件に対して3千万円の頭金を用意できる方は融資を受けてその物件を購入することができます。鑑定評価では、満室になっているか、建物の築年数、施工会社、賃料が適正であるかといったことが判断のポイントとなります。

次に銀行は個人投資家Aの収入を査定します。さらに他に住宅ローンやクレジットローンをどの程度抱えているのか、勤めている会社と勤続年数はどうか、家族構成などもふまえて総合的に見ます。つまり、金融機関はあくまでも投資対象の不動産の担保価値やその家賃収入だけを審査するのではないのです。投資する個人の収入もすべてチェックするのです。

これは、仮に将来家賃が下がり、空室率が上昇し家賃だけでは月々の返済分に届かない場合には、個人の給料から返済してもらうという前提で融資を行うからなのです。いくら投資対象の不動産が良い物件で潤沢な賃料収入を生むとしても、投資家個人が無収入であったり、もしくは所得が低い場合には、アパートローンの融資を受けることは困難です。

さらに詳しく言うと、すでに自宅を買って住宅ローンを背負い、奥さんと子供二人がいるという前提ならば、銀行としては月々の生活費が○○万円と試算し、いざというときの返済余力が月当たり○○万円が限界だとまで試算するのです。

不動産の担保価値や家賃収入だけを担保にアパートローンが実行されるわけではないことを覚えていてください。

4・金融の勉強をする

経済を知ることが大事

現在では、不動産と金融が融合し、非常に密接に関係しあっています。

不動産業界に入った当時、よく上司から、

「税金を制するものが不動産を制するのだ。だから税金（税務）をよく勉強しなさい」

と言われました。実際税金のことはよく勉強してきました。しかし、いまや税金以上に学ばなければならない分野が「金融経済」ではないかと思います。

不動産投資をするうえでは、やはりその時々の金融経済の状況を理解し、その動きに注目することは不可欠です。

たとえば、不動産投資のときに組むローンはほとんどの場合、変動金利での借り入れとなりますが、この変動金利は、「長期金利」≒「10年物の長期国債」の金利に連動して決定されます。

長期金利は日々マーケットが決定しているものですので、不動産投資をする人は、中長期的にこの長期金利をウォッチし続ける必要があるのです。

ほとんどの方が、できれば不動産市況の「底」で投資したいと思っているでしょう。ではいったい「いつが」不動産市況の底なのか？

これを大きなミスなく判断できるようになるには、普段から経済に関する新聞記事やニュースに敏感になっておく必要があります。特に、将来の業績予想を織り込んで価格が推移していく代表的な不動産会社の株価やリートの株価指数（全リート銘柄の平均値）の動きを見ておくとよいと思います。

また、日銀の動向と日銀が決定する政策金利も、アパートローンの変動金利に直接的・間接的に大きく影響していくものです。日頃から、不動産だけでなく金融経済の動きにアンテナをはりめぐらしておくことが必要なのです。

次に、投資した不動産の「最良な売却時期」を決めるとき、そのタイミングはいつなのか、今年なのか？　来年なのか？　これもやはり金融経済の大きな流れを見て判断する以外に方法はないのです。

公示地価や路線価は、毎年1回公表されますが、リアルタイムな指標とは言いがたく、実務ベースでは役に立たないという現実があります。それに比べれば、不動産会社の株価やリート指数は不動産の先行指数として、または現状認識として有益だと言えます。

税金のことは最終的に税理士や税務署に聞けばどうにか正解が導き出されます。測量や登記のこともそれぞれ専門家が存在しますので、信頼のおける会社に任せておいてもひどい結果にはならないでしょう。

しかしながら金融経済だけは、自ら勉強し理解し、日々ウォッチし、自分自身の肌で感じる以外に体得する方法がないのです。

どうやって勉強するか

私は、経済学部の出身ですが、大学時代に習ったマルクス経済学の知識は、私の勉強不足ゆえか、残念ながら卒業後社会に出てからあまり役に立ちませんでした。結局、社会人になって必要に迫られて、金融経済を一から勉強することになりました。

どんな必要に迫られたかというと……。

私の勤めていた会社では、始業前に毎朝「朝会」なる短い会議が開かれました。東大卒の若き課長が、

「長谷川、今朝の朝刊に載っていた『公定歩合』とはなんだ？」「『ＢＩＳ規制』とはどういう規制だ？」

と、経済用語に関して矢継ぎ早に質問してくるのです。明確に即答できなければ「そんなことを知らないのか!!」と怒られるのです。

そこで私は経済用語辞典を購入し、興味もなかった日経新聞を毎朝読みながらわからない用語はすべて辞書をひいて完全に理解していくという作業を始めました。

同時に、経済原論を学ばなければならないと思い、まずはマンガで描かれた経済学の解説を買い求めました。

そして次の段階として、年間の上限を設定した金額内で、自分の関連する業種または知りたい業種に対して株式投資を始めました。正直申し上げて、勉強のために行った株式投資には絶大なる効果がありました。上司に怒られるからと始めた勉強より、「少しでも利益を出したい」（あるいは損失を出したくない）という自分の「欲」を利用して勉強した

ほうが、同じ新聞や書籍を読むにしても熱意と理解度がまったく違いました。

もちろん投資金額の上限を決めないと高い授業料を払うことになる可能性もありますが、数十万程度の授業料であれば、専門学校に通って経済を勉強したと思えば安いものです。

以上のように私の場合は知らない用語をなくしていくことから始まり、マンガ本から経済学をおさらいし、さらに少額の株式投資を始めたことで多くの本を積極的に読んだりセミナーや講演を片っ端から受けたりして、金融経済についての知識を身につけてきたように思います。

実際には、細かい経済用語の意味を知ることよりも、経済全体の大きな流れを察知することが大事なのですが、この大きな流れを感じて正しい投資の判断をするためにも、ある程度継続して金融経済を学ぶ努力が必要だと思います。

いまでは、自分で会社を経営していますので、社内研修もありません。よって知識の向上は自らすすんで行うしかありません。これは、個人投資家のみなさんと同じ立場です。

金融経済においては、短期、中長期の仮説を立て、その後自分が立てた仮説が実際にどう動いたのか、自分の仮説が正しかったのかのチェックを繰り返すことが不可欠です。

不動産投資をこれから始めようとする方にも、またすでに不動産投資をしている方にも日々の金融経済に興味をもち、動きをチェックする習慣を付けられることをおすすめしたいと思います。

「半プロ」がいちばん危ない

前項では金融経済の勉強をしましょう！　とアドバイスしたのですが、勉強の結果、自分は詳しくなったと思ったときに陥る穴があります。

投資全般において「半プロがいちばん危ない」と最近思います。不動産投資でも同じことがいえます。

株式投資やＦＸでも、始めたばかりの頃は、不勉強で、株や投資の良し悪しもわかりませんから、大きなリスクを取って大きな投資をすることはないでしょう。そのため、失敗しても小さい損失ですみます。

ところが、いろいろと本を読み、セミナーで勉強し、失敗と成功を重ね、数年後には、ある意味「半プロ」程度の知識と知恵を自ら備えたと思うに至るものです。

それとともに投資額も徐々に増えてきます。

株やＦＸで、過信の果てに無防備な大きな勝負に出てしまう……。結果は……。

しかし、これは誰もが通る道ですし、この道を通ることでまた投資家として成長していくのも事実なのです。何事も（本に書いてあることですでにわかったつもりでいたことでも）実際に自分で経験してみないと、腹の奥までしっかり「わかった」ということにはならないのですから。

しかし、不動産投資では、投資する金額も桁違いに大きくなります。

それゆえに、当初は、何冊も本を読み、よく人の話を聞くものです。実際、みなさん、一生懸命勉強し、不動産セミナーをわたり歩く方も多いようです。その後、最初の投資に成功した（ようにその時点では感じている）としましょう。ここで、自分のなかで「プロ意識」が芽生えます。さらに興味がわきよりいっそうの自己研鑽を行うでしょう。

しかし、このときこそが、危険なのです。

研究・研鑽を重ねること自体は素晴らしいことだと思います。しかし、この「半プロ」状態である事実を忘れて、自分の判断力や知識が「熟練の投資家」であり「プロ並み」であると感じてしまう方がいかに多いことでしょうか。誰でも投資がうまくいっているときは、他人の意見など求めないものなのです。それが普通です。

「半プロ」がなぜ「半プロ」なのか？

素人がいくら研鑽しても100％プロには、なれないのでしょうか？なれません。

実は、100％プロなど、神様以外に業界にも存在しないのです。

しかし、業界の専門家はリスクを客観的に見て判断し、リスクヘッジの手法や知恵を伝えることはできます。

自分がもう十分プロだと思っても、自分より少しでも知識や経験がありそうな人の意見を真摯に聞き、それを取り入れることは、非常に重要です。

人は、自分がいったん選んだ（惚れた）投資物件は、つい高く評価してしまうものです。自分の恋人や奥さんに対する評価が他人の評価よりも、常に高いのと同じです。

その理由は？

答えは、「すでに惚れてしまっているから……」です。あまり良いたとえではないですね。別の言い方をすれば、似合っていない服を着ている人でも自分では「抜群のコーディネート」をしていると思っている人がよくいますよね。不動産投資では、「自分だけ」が良いと思って行う投資は大きなリスクと言えますので十分ご注意ください。

5・税金について学ぶ

先にも述べましたが、「税金（税務）を制するものが不動産を制する」と言われています。ここでは、不動産投資に関する税金について説明しておきます。わかりやすくお伝えするために、購入時、保有時、売却時の3つの状況別に分けました。

税率や適用用件などは毎年改正される可能性がありますので、実際に物件を取得する際は、国税庁のホームページや各地方自治体のホームページを参照し、直接仲介業者、税理士などの専門家にご相談ください。

購入時にかかる税金

①登録免許税

物件を取得する際、物件の引き渡しと同時に司法書士に所有権移転登記の依頼をします。このときかかる「登記費用」の中身は、登記をする管轄法務局（いわゆる登記所）に支払う「登録免許税」と「司法書士等への報酬」とに分かれます。

「登録免許税」の税率は条件によりさまざまですが、投資物件を取得した場合は原則的に不動産の価格（この場合、契約書に記載された売買金額ではなく、固定資産台帳に登録された「不動産の価格」）の2％（土地については1・5％、平成27年3月31日までの軽減税率）とされています。

同時に金融機関から融資を受ける場合は抵当権の設定について借り入れ金額の0・4％が課せられます。

②不動産取得税

「不動産取得税」は、「忘れた頃にやってくる」と言われます。取得物件の登記が完了してから4～6カ月程度経った頃に納付書が送られてくるからです。

登記所から都道府県税事務所に通知されたのち、納付書を作成するためです。まさに忘れた頃に納付書が送られてきますので、くれぐれも事前に納税の準備をしておくことが大切です。

税率は、住宅用建物については、前項で説明した「不動産の価格」の3％、事務所・店舗等・同4％、土地については不動産評価額の2分の1×3％となっています（平成20年4月1日～平成27年3月31日まで）。

保有時にかかる税金

①固定資産税・都市計画税

固定資産税と都市計画税は一つの納付書で通知され、両者をあわせて通称「固都税《コトゼイ》」という言い方もします。両方ともその不動産を保有している期間、毎年課税されるものです。

固定資産税は、「毎年1月1日」に登記簿に記載された所有者に対して課税されます。未登記の物件も、各市町村（東京23区については東京都）が「固定資産課税台帳」を作成し、その台帳に基づいて課税されます。

たとえば1月5日に物件を引き渡した場合でも、その年度に課税されるのは1月1日の時点で登記簿に記載されていた物件の売り主となります。ですので、売買代金と合わせて日割り計算のうえ、清算されるのが一般的な慣行となっています。

固定資産税率は市町村によって多少異なりますが、標準税率は1・4%となっています。各市町村が定める課税標準額×税率（標準の場合は1・4%）で課税額を算出します。住宅用地の特例等の軽減措置もいろいろ用意されています。

都市計画税は、都市計画区域を設定している市町村が、その市街化区域内の土地家屋のみを対象としています。市街化区域外にある不動産には課税されません。

税率は最高限度が0・3%となっており、計算式・市町村により違いがあるという点は固定資産税の場合と同様です。

固定資産税・都市計画税の納付書は毎年、1月1日時点の物件の所有者に対し、6月頃に送られてきます。

売却時にかかる税金

不動産を売却したときは、譲渡益が発生する場合にのみ譲渡所得税が課せられます。つまり「利益」が出たときのみに課税されるのです。

譲渡所得税は分離課税のため、他の所得とはあわせて計算することはできません。土地・建物の譲渡損益同士でしか合算できない仕組みとなっています。例外として居住用の土地・建物の売却により損失が出た場合のみ、以後3年にわたって他の所得とあわせることができます。

譲渡所得金額の算式は次のようになります。

譲渡所得金額＝「売却代金」－「取得費＝購入代金、仲介手数料、関係諸税等」＋「譲渡費用＝仲介手数料、測量費用、広告料等」

この譲渡所得がプラスになった場合のみ、税金を払う必要があるというわけです。

税率は長期譲渡の場合は、課税長期譲渡所得金額、つまり譲渡益の20％（所得税15％、住民税5％）、短期譲渡に該当する場合は、譲渡益の39％（所得税30％、住民税9％）となっています。長期と短期の区分は、譲渡した年の1月1日において所有期間が5年を超えているか5年以下かという点で区別されます。

税務申告について

青色申告と「事業」として認められる場合

不動産投資を行って大家業を開始すると、家賃収入を税務署に毎年申告する義務が生じます。

申告方法は、簡単で原則的な申告制度である「白色申告」と、これからお話しする「青色申告」に分かれます。

複数の収入源がある方、自身で事業を営まれている方は、すでに青色申告されている方も多いと思います。前期の赤字（損金）を繰り越せるなどのメリットの他、不動産賃貸業においては青色申告にすることによって、家賃収入から必要経費を引いた利益からさらに10万円を引くことができる特別控除を受けることができるのが、大きなメリットです。

また、「事業的規模」であると認められた場合には、10万ではなく65万円の控除が受けられます。

青色申告を行うには、まず、新たに不動産の貸し付けを始めた日から2カ月以内に「青色申告承認申請書」を税務署に提出することが必要です。

そして、複式簿記によって記帳し、貸借対照表・損益計算書その他の明細書を添付して確定申告の提出期限までに提出します。記帳の手間は増えますが、特に事業的規模に該当するケースでは控除額が大幅に上がってキャッシュフローにも余裕が生まれます。

さて先の「事業的規模」とはどの程度のものを言うのでしょうか？

これはアパート・マンションであれば10室、一戸建てであれば5棟を目処とするとなっています。「社会通念上事業と称するに至る程度の規模で貸し付けている場合には、事業に該当する」という通達が出ていますので、事務所・テナントビルなどのケースでも規模的に同程度以上であれば認められます。

「事業」として認められた場合、65万円の特別控除以外にも専従者控除（たとえば親、配偶者等が貸家の管理を行う場合の賃金）など、必要経費として認められる範囲が広がり税務上のメリットも大きくなります。

減価償却とは何か

ここでは言葉は聞いたことがあるものの、その概念がなかなか理解しがたい減価償却について、図表を交えてわかりやすく解説してみたいと思います。

減価償却を一言でいうと「実際にかかってない費用を毎期の賃料売上から差し引くことができる有り難い税制」です。

本質的な意味は、長期間にわたり使用する高額な建物（資産）の減少していく価値の分を法定耐用年数の期間に、毎年少しずつ経費として認めていこうというものです。

これは建物のみに認められており、土地については減価償却の概念がありません。なぜなら、土地は経年劣化しないからです。

なぜ減価償却費を計上することで、キャッシュフローにプラスの影響があるのか考えていきましょう。

家賃収入という売上から「経費」を引いて残ったものが利益です。この利益に対して課税されるわけですから、経費が多ければそれだけ払う税金も少なく、手元に残る現金も多くなります。

◎不動産価格1億2,000万円のアパート、木造モルタル造を新築で購入
〔耐用年数20年（建物評価6,000万円）と仮定〕

※H25年の税率での概算

（万円）

	初年度	19年目	20年目	21年目
売上	1,000	1,000	1,000	1,000
諸経費（管理費・修繕・その他）	100	100	100	100
減価償却費 A	300	300	300	0
（税引き前）利益	600	600	600	900
課税額（概算）	115 ㊒52 ㊟47 ㊕16	115 ㊒52 ㊟47 ㊕16	115 ㊒52 ㊟47 ㊕16	223 ㊒116 ㊟77 ㊕30
（税引後）利益 B	485	485	485	677
手元に実際に残る現金 A+B	785	785	785	677

耐用年数を超える

減価償却が無くなると手元に残る現金が100万円以上減る

※家賃収入以外の収入が無いと仮定
※社会保険料93万円、扶養家族無しと仮定
※建物付属設備に関しては、今回省いています
※㊒＝所得税、㊟＝住民税、㊕＝事業税

築年数の浅い物件を購入した場合は、建物の残存価額（取得時の評価額から毎年減価償却をしていった残りの現在評価額）も高いので長期にわたり減価償却費を計上できます。しかし、築年数がかなり経過した中古物件を取得するケースでは残存価額も低いため、キャッシュフローを生み出す期間が短いことになり、この税制の恩恵を十分に受けられません。

また、不動産全体の価格に占める割合が土地よりも建物のほうが大きい場合、減価償却の効果もより高くなると言えます。

これは次の二つのケースです。

①土地の大きさに対して建物の規模が大きい

②地方で駅からも遠い立地のもの

こういった場合、減価償却費用をより多く計上することが可能ですが、建物が経年劣化した際には物件全体の価値も大幅に減少していくというリスクがあります。税金上は節税になったとしても、土地代の評価が低い物件はリスクも高く、あまりおすすめできません。

参考資料として建物・建物付属設備の耐用年数表を掲げておきますので、参考になさってください。

◎建物

	構造別総合又は個別耐用年数（年）							
	鉄骨鉄筋又は鉄筋コンクリート造	れんが、石、ブロック造	金属造			木造又は合成樹脂造	木造モルタル造	簡易建物
			骨格材の肉厚四ミリ超	骨格材の肉厚三超～四ミリ以下	骨格材の肉厚三ミリ以下			
事業所又は美術館用のもの及び下記以外のもの	50	41	38	30	22	24	22	－
住宅、寄宿舎、宿泊所、学校又は体育館用のもの	47	38	34	27	19	22	20	－
飲食店、貸席、劇場、演奏場、映画館、又は舞踏場用のもの		38	31	25	19	20	19	－
飲食店又は貸席用のもので、延べ面積のうちに占める木造内装部の面積が３割を超えるもの		34						
その他のもの	41							
旅館用又はホテル用のもの		36	29	24	17	17	15	
延べ面積のうちに占める木造内装部分の面積が３割を超えるもの	31							－
その他のもの	39							
店舗用のもの	39	38	34	27	19	22	20	－

◎建物付属設備

構造用途	細　　目	耐用年数
電気設備	蓄電池電源設備	6
	その他のもの	15
給排水衛生、ガス設備		15
冷暖房通風ボイラー	冷暖房設備 （冷凍機の出力 22kW 以下）	13
	その他のもの	15
昇降機設備	エレベーター	17
	エスカレーター	15
消火、排煙、災害報知設備及び 格納式避難設備		8
特殊ドアー設備	エヤーカーテン又は ドアー自動開閉設備	12
アーケード、日よけ	主として金属製	15
	その他のもの	8
店用簡易装備		3
可動間仕切り	簡易なもの	3
	その他のもの	15
前掲以外のもの及び 前掲の区分によらないもの	主として金属製	18
	その他のもの	10

節税のため法人化する

①「不動産保有（投資）を目的とした法人利用」（不動産所有方式）

不動産賃貸業がある程度の規模になってくると、節税対策として法人（株式会社など）を利用するのか否かという問題に突き当たります。

個人名義で物件が増えていけば、個人の所得税と住民税は累進課税ですから、税率がどんどん高くなっていってしまいます。相続税の問題も大きな問題となりますので、法人化（資産保有会社の設立）を検討してみるとよいでしょう。

ただし、法人化して税制上のメリットを得られるのは、年間家賃収入がおおよそ１００万円以上の規模です。法人化に伴う費用、税理士への報酬などの運営コストだけで70万円程度は消えてしまうので、そういったコストをトータルで上回る実利的効果がなければ会社設立の意味はありません。

さらに、会社という別法人を運営をする煩わしさもあることを、心に留め置いてください。

それでは、個人で賃貸物件の土地・建物を所有している人が、会社を設立し、その会社へ物件を移転させるケースを例に考えてみましょう。

会社で不動産を所有する方式は、収入の分散効果が高く、トータルでの節税効果が最も得られます。

しかし、物件の移転時に不動産取得税や登録免許税などのコストがかかり、個人から法人への売却時に譲渡益が発生する場合には譲渡所得税もかかってきてしまいます。さらには多くの場合、「法人」名義で銀行等の金融機関から資金の借り入れも必要となるでしょう。法人から個人へ売買代金を支払う必要がありますので、法人の資金負担を最小限に抑えて所得の分散効果をはかるには、「建物のみ」を会社に移転させることがおすすめです。建物は直接的に賃借人から家賃を得られ、収益性が土地よりも高いからです。

土地は資金負担が大きくなる割に収益性（想定地代）が低く、相続などで土地の価格がまだ低かった頃から所有しているような場合、取得金額が低いので譲渡したときに莫大な「利益」ができます。つまり移転時に個人へ多額の譲渡所得税が課せられることになってしまいます。ですから、会社へ移転するメリットは、建物に比べ低いと言えます。

個人が建物を売却するとその代金は課税売上に該当するので、他の課税売上（駐車場の賃貸料・共益費など）と建物売却金額が合計で1千万円を超えると、2年後には課税事業者扱いになってしまい、消費税の納税義務が発生してくるので注意が必要です。

また、個人所有の事業用の土地や建物を資産保有会社に売却し、その売却した資金で他の事業用資産を購入した場合、一定の条件を満たすと「事業用資産の買い換え特例」が適用されます。譲渡益の一部に対する課税を繰り延べる（取得物件の将来における売却時まで留保される）ことが可能となるので、該当する場合は積極的に活用しましょう。

②管理会社としての法人利用

法人化の手段として保有は個人のままで管理のみを行う会社をつくるという方法があります。大きく分けて管理費徴収方式とサブリース方式です。

管理費徴収方式

不動産管理会社を設立し、他の管理会社に賃貸物件の管理を依頼した場合に支払う管理料と同程度の金額を計上できます。

そこで最も気になるのが、どの程度の管理料にすべきかという点でしょう。他の管理会社に依頼した場合、家賃収入の４～６％程度が一般的です。これに準じた管理料を超えると、税務署に否認される可能性があります。

しかし、設立した不動産管理会社が同族会社（３人以下の親族等の株主で50％以上を保有している会社）の場合は実際に行われる物件の見回り・清掃等について他の管理会社よりも頻繁に作業が出来ることが考えられるため、８％程度までは設定することも可能です。とはいうもののこれもケースバイケースですので、８％以下なら必ず認められるものではありません。税理士など専門家に具体的な相談をする必要があるでしょう。

サブリース方式

サブリースは管理業務と家賃保証が合わさった形式のことです。これを法人（不動産管理会社）を介して行った場合、個人所有の物件をまるごと不動産管理会社に転貸（又貸し）して、実際に賃借人から得られる家賃収入の85～90％程度の金額を会社から個人に賃貸料として支払います。（２３９ページ参照）

この際に家賃収入の10～15％がサブリース料として法人に残ることになり、個人と法人とで所得の分散が可能となります。

サブリース市場においては、借上げ賃料は立地条件、入居率にもよりますが、家賃収入の約90％の場合が多いので、所有している個人の同族会社である不動産管理会社が得ることができる所得は、満室時の家賃総額の10～15％程度が限界であると考えられています。結果としてその物件が満室の場合には、10～15％相当額が会社に残ることになります

よって、入居率の高い優良物件の場合は、管理料徴収方式よりもサブリース方式のほうが有利であると言えます。ただし入居率が下がってくると逆に会社が赤字になってしまう可能性があることも考慮すべき点でしょう。

失敗例
その2

広告代理店勤務Hさん

（37歳、家族構成…妻、年収900万円）

Hさんは20代の頃から不動産投資に興味があり、インターネットや書籍などで情報を集めてきました。あるとき、諸経費以外は全額ローンで不動産投資ができると知り、表面利回り12％という地方都市の鉄筋コンクリート造築5年のマンションまるごと1棟を、約1億円で購入することに決めました。仲介業者から、頭金がなくても20年期間で金利3・5％（ただし変動金利）の全額ローンで融資をしてくれるという金融機関を紹介してもらいました。

本当に融資の承認がおりるのかと疑心暗鬼でしたが、無事に審査が通りました。購入したときは「これで自分も1億の資産を保有する資産家になれた」という感慨をもったそうです。

毎月の家賃収入が約92万円で銀行への返済額は約58万円、手取り収入は約34万円でした。

ところがその地方都市の経済環境の悪化、人口流出、および新たな競合物件が周辺にいくつか建設されたことにより空室率が20％に上昇しました。さらに周辺相場にのっとり家賃を1割程度下げざるを得ないという状況の変化が、購入後5年の間に起きました。

結果、家賃収入が約66万円になり、手取り収入は約8万円となってしまいました。さらには、借入金の固定金利期間が終わり変動金利へと移行しました。見直しの時期が長期金利が上昇した時期と重なり、借り入れ金利が約4％に見直しされました。これにより月々の返済金額は約60万円になり、賃料との差額が約6万円となってしまいました。

Hさんは、賃料の下落と空室率のさらなる上昇に怯え、今後の対応を相談するために弊社に来られました。このようになってしまっては、とにかく早期に繰り上げ返済を行い、月々の返済金額を減らす以外の方法はありません。

地方都市の物件がすべて投資不適格であるわけではありません。しかし、高い賃料利回りには「それなりの理由」があるのだということを前提に投資の判断をしていかなくてはなりません。

第６章

いよいよ物件を買う

1・買い方の手順

ステップ1　条件交渉の準備

「これは！」と思う物件に出会ったら、いろいろな条件を固めます。価格交渉前に「ここまでは下げてもらいたい」という最低条件を決めたり、修繕の必要があればその費用を調査するなど、交渉にあたっての準備をしていきます。

価格の話し合いと同時に、引き渡しや残金決済の時期についても売主側とすり合わせていかなければいけません。交渉時にこちらの条件にぶれがないよう、きちんとまとめておきましょう。

また、買う前に修理・修繕してほしいところがあればその点も明確にしておきます。

ステップ2　買付書

「この条件であれば買ってもよい」という意思を固めたうえでいよいよ具体的な交渉をするのですが、この時点で売主側に「買う」という意思表示をする必要があります。そして、この意思表示を、口頭ではなく書面にて提出するのが不動産の取引における慣習となっています。

ここでは、この書面、「買付書《かいつけしょ》」について説明します。

「買付書」は、「買付証明書」、または「買受申込書」とも言われていますが、どのようなかたちをとろうとこれは契約ではなくあくまで「買いたい」という申し込みであるということを覚えておいてください。

つまり、買うという意思表示の書面ではあるにしても、契約前の申し込みですので、キャンセルをしても法的責任を問われることがありません。これは法令上も明らかなことです。

この買付書は、投資家サイドには「物件を押さえる」という意味があり、仲介業者さんとしては、買主の購入条件を書面で提出してもらうことにより、売主サイドへ本格的な交渉を開始できる「材料」となるのです。

買付書に書く内容は、「購入希望金額」、「契約時期」、「引き渡し時期」、「その他引き渡しの条件」（たとえば一部建物の補修をしてもらう、土地の測量をしてもらう、越境物を撤去してもらうといった内容）、「銀行融資に関する停止条件の条項」、「有効期限」（通常1カ月程度）といったものが記載されています

書面に記載された「購入希望金額」には、売主の売却希望価格（＝表示価格）に対する買主の指値価格を書面で提示し、

「この金額で取引がまとまるように交渉してください」

といった意味合いがあります。

また、多くの場合、この買付書を出すタイミングは金融機関の融資の可否が出ていない段階だと思われますので、買付書には「金融機関の融資承認を条件とする」（つまり、融資の承認がおりればこの物件を買いますという意味）といった停止条件の特約を入れることもできます。仲介業者さんは、こういった書面を受け取ってから価格を含め細かい条件交渉や契約日等の調整に入り、契約に向けて段取りをすすめることになります。

ステップ3　スケジュールの決定

買付書を提出し、諸条件がまとまったならば、あとは契約日や決済日の設定をしていくことになります。

金融機関の融資の承認がおりたら、実際にいつお金が融資されるのかということも決まってきますので、その日時をもとにスケジュールを決めていきましょう。

その後に重要なことは、契約前に「契約書の写し」と「重要事項説明書の写し」を仲介業者さんからいただき、買主にとって不利な特約や条項がないかを確認することです。

ステップ4　契約

ここまでの手順を経て、いよいよ契約に至ります。契約時の注意点は次ページから説明していますので、ご一読ください。

2・契約時の注意点

書類は事前に入手し、理解する

以前は、契約書や重要事項説明書を、契約の当日初めて見て、よくわからないまま捺印してしまうといったケースがよくありました。

後悔しないためには、契約書、重要事項説明書は、1週間前には入手し、一言一句逃さず目を通す必要があります。わからない専門用語や表現に関してはその意味を仲介業者さんに質問し、100％事前に理解し、納得しておかなければなりません。

この書類以外にも、賃貸借契約書の写しを入手し、どういった賃貸借契約になっているのか、空室状況はどうなのかなどを各部屋ごとに確認しておく必要があります。

もしこの時点で不明な点や不信な点があるならば、そのことが解決するまで契約日を延

あっあの
わかりません!
契約書

期することも考慮にいれるべきでしょう。自分にとって不利な特約がないかも十分にチェックする必要があります。

もしも不明な点があれば、契約日当日であっても、

「わからないので、契約日を延期してください」

と言える勇気をもってください。

契約書・重要事項説明書のどこを見るのか

一般的に重要事項説明書は、「契約書にはあえて書かれていないけれど買主に対して重要であると思われる細かい問題点をすべて説明し確認してもらう」という意味があります。その細かい問題点は重要事項説明書の最後に「特約事項」または「特記事項」として記載されている場合が多いので注意してチェックしてください。問題点とは、既存不適格建物である場合や検査済証がない、隣地の塀や屋根が越境している、一部雨漏りがある、などといった内容です。

宅地建物取引業法では、宅建業者（不動産業者）は「買主に対して重要だと思われる事

項はすべて説明しなければならない」という条文があります。これを怠れば、宅地建物取引業法違反となり、宅建業者は罰せられ損害賠償請求の対象となりえるのです。よって、賢明な宅建業者ほど問題点はすべて重要事項説明書の特記事項に記載しているはずです。ただし、なかには記載しない業者もおり、さらに気をつけなければならないのは、問題点を発見する能力に欠ける業者、そもそも詳細な調査を省いてしまう業者もいますのでご注意ください。

また、契約書には、

「アパートローンの融資承認がおりなかった場合には白紙解約ができる」

という条文を必ず入れてもらうようにしてください。

昨今、銀行の融資スタンスが非常に厳しくなってきています。間違いなく融資が可能だろうと思われるケースでも時間だけが経過し最終的に融資不可となったり、または借りたい金額に届かないということが多々あります。この場合、手付金を没収されて売主側から解約されないためにも、上記の特約を必ず契約書に入れてもらい、白紙解約できる日付の期限を設けるにしても十分な余裕をもった期日を設定するようにしてください。

一般的には2週間程度もあれば融資承認はおりると思われますが、金融機関と相談しつつ契約から20日以上の期間を設定すればよいでしょう。

瑕疵担保責任の期間

新築物件の場合は主要な構造部分の瑕疵《かし》（欠陥や故障）と雨漏りに関しては10年間の売主による修理修繕の義務が発生します。中古物件の場合は売主が宅建業者の場合のみ、引き渡しをしてから2年間が瑕疵担保責任の期間（買主が知り得なかった隠れた建物の欠陥や故障等を売主の費用と責任で解決してもらうことができる期間）となります。

個人が売主の中古物件は、引き渡しから2カ月から3カ月と責任の期間が短縮されるケースが多いのが現状です。引き渡し後、建物の瑕疵の早期発見に努めるべきでしょう。

もう一つ注意すべき点は売主の不動産会社が倒産した場合には、瑕疵担保責任の追及についての法的には請求する権利がありますが、現実的には不可能であるということです。

物件そのものの欠陥を調査することも大事ですが、売主自体の信用情報を事前にチェックすることが必要です。現在では個人でも比較的低廉な料金で帝国データバンクや商工リサーチなどネットを通じて利用できますし、その会社の本社の土地建物の登記簿謄本を見て、過度の借り入れを起こしていないかといったことも調べておくとよいでしょう。

3・出口戦略

売ることも視野に入れる

投資したものを一生ホールドし続ける、または少なくとも5年から10年以上はホールドするという前提の投資を一般的に長期投資といいます。

株式投資などに比べれば不動産投資は長期投資に分類されます。

なぜなら、株式投資では、いまやネット取引により1％以下というわずかな手数料であるのに比べ、不動産は購入のたびに不動産取得税、登録免許税、仲介手数料といった物件価格の約5％を超えるような諸費用がかかってきます。

また、個人が不動産を売却した場合は、仮に利益が出たとしてその利益に対し不動産譲渡所得税といった税金がかかります（購入した金額より低くしか売却できなかった場合は課税されません)。この税制面から見ても、不動産の短期転売を繰り返すことは不利なのです。

しかしながら、一度投資した物件を将来売却することを当初から想定すべきです。なぜならば、次のような状況が考えられるからです。

①将来において急に現金化の必要が発生した場合
②保有している投資物件よりさらに投資効率のよい物件を取得したいと思ったとき
③ミニバブルが発生した場合(価格が明らかに上昇した場合、一度売却して現金化し、再度不動産価格が低迷したときに再投資するということを検討することがあるでしょう)

ここでは不動産の売却(出口戦略)についてお伝えしたいと思います。

売れる物件にしておく

良い物件を購入できて、晴れて大家さんになって、

「これで苦労は終わり。あとは家賃収入を得るだけ☆」

というわけにはいきません。いざ売却を考えたとき、買い手のつかない物件にならない

よう次の3点を心がけてください。

1．建物の修理修繕をまめに行う

外壁の塗装、防水加工、鉄部の再塗装、給排水管の更新・交換工事をしっかり行っておきましょう。計画的に修繕していなかったばかりに、売却時に投資家から見向きもされない物件になる恐れがあります。大規模修繕はだいたい10～15年に1回行う必要があります。

2．物件の境界や越境物の問題を解決しておく

投資用の物件を買うときに、一般の投資家の方は土地の境界や越境物についてあまり厳しくチェックしないと思います。しかし、いざ売却となったときに土地の境界や越境物に関しての覚書といったものを新たな投資家が要求してくることを前提にしておくべきでしょう。

本来は境界や越境の問題をすべて解決済みの物件を購入すればよいのですが、取引でそのことばかりを主張するのも難しいと思います。よって、少なくとも自分が購入したのちに境界が確定していないのであれば、隣接土地所有者（道路境界に関しては各自治体）の

方全員に立ち会っていただき境界を確定しその旨を認める印鑑付きの確定実測図を作成しておいたほうがよいでしょう（測量事務所へ依頼します）。

さらに境界確定後に塀や室外機その他の越境物がある場合は相互にその越境を確認し、将来建て替えるときには越境物を撤去することを確約した覚書を締結しておきましょう。

非常に細かいようですが、買い手がプロと言われる法人や専門家ほどこういった細かい要件を売主責任で行うよう契約書の中に盛り込んでくるのです。

3. できるだけ満室の状態にしておく

売却時に、満室の物件と何割かの空室がある物件では、明らかに流動性が違います。賃料相場が将来下がった場合にそのときの適性賃料まで値段を下げてでも常に満室に近い状態にしておきましょう。

空室率が高い場合は、提示した価格自体の適性が新たな投資家にとって判断できないだけでなく、金融機関の融資が受けにくくなります。賃料を下げることを嫌うあまりいつまでも空室の状態で放置していてはいけません。「いま現在満室である」ということは、売却するうえで大きなセールスポイントになるのです。

修理はマメに！
境界のトラブルなし！
いつも満室！

4・管理の方法

自分で管理するのは勉強になるけれど……

最後に、賃貸用不動産を購入したあと、そのアパート、マンションの管理をどうするかといったことに触れておきます。

「賃貸管理」とは「日常的な清掃、草取り」、「故障やトラブルへの対応」、「家賃の徴収、遅滞、滞納者への支払いの催促」が上げられます。

賃貸アパートや賃貸マンション1棟を購入した場合は、管理業務全般をどうするのか考慮しておく必要があります。分譲マンションの区分所有の場合は、あらかじめ管理会社が決められており、毎月決められた管理費を管理組合を通じて支払うことになりますが、家賃の催促などは自分で行うか他社へ委託しなければいけません。

昔は大家さん自身がアパートの掃除をしたり、家賃を取りに来たりすることがよくありました。このように「買って終わり」ではなく、管理を自分でやってみるというのは、いかに入居者にとっての快適さをキープするのが労力がかかるか、家賃滞納者への対応の難しさ、入居審査の大切さを身をもって知ることができる点で、非常によい勉強になります。

しかし、所有戸数が増えていけば、比例してトラブルやクレーム、家賃の滞納数も増えてきます。本業の仕事をもちながらこれらの「管理業務」を行っていくのは、現実的ではないように感じます。個人的にはあまりおすすめしません。

賃貸管理会社の選び方

自分で管理しない場合、「不動産管理会社」に委託するのが通常です。

その管理費用は規模や地方によって異なりますが、おおよそ賃料収入の5％前後となります。

煩わしい業務を一括して委託できるのであればこの管理委託費用は決して高いとは言えません。

もちろん、管理業務をしっかりやっていただくという前提でのお話です。

管理会社を選ぶ際、次の二点に注意してください。

1　24時間対応でクレーム対応してくれる

「水が出ない」「隣人がうるさい」「トイレの水が流れない」といったクレーム処理は、管理業務のメインです。こんなクレームが出たとき、24時間体制で賃借人に対応し、大家さんであるあなたの盾になってくれる管理会社を選びましょう。

2　家賃滞納者の催促のノウハウを持っている会社

家賃滞納は毎月の収入に大きく関係しますので、管理会社を面接する際、「どういう対応を誰がしているのか」を、必ず確認してください。「手紙や電話で督促します」というのはNGです。それは個人でもできる督促方法だからです。

家賃の督促というのは、非常に骨が折れる仕事です。昼に行って留守だったら、夜に行く。ときには、部屋の前で何時間も待つ。粘り強く対応してくれる業者を選ばなければ、家賃を回収することはできません。

私自身は、名前の通った大きな管理会社で「社員がたくさんおりますので、社員が回収します」というところではなく、小さな不動産管理会社でも「社長の私が責任もってやります」という会社に管理を任せています。

サブリースを委託する

通常の管理業務に「家賃保証」が合わさったものが通称「サブリース」と言われるものです。

この場合、サブリース企業と大家さんの間で賃貸借契約をし、サブリース業者が貸主になって各借家人と賃貸契約を結びます。

この方法の最大のメリットは、空室リスクを気にしないですむということです。

サブリース料は賃料収入の約10％程度ですので、いったんサブリース業者に入った家賃から約10％のサブリース料（管理料＋保証料）を引いたものが大家さんに振り込まれます。

空室が発生してもその分も振り込まれます。

ただし、サブリース契約（家賃保証契約）は2～3年ごとに家賃補償額を見直す旨が明記されている場合がほとんどです。ですから、周辺の家賃相場が下がっていれば、そのたびに「これからの2年は、周辺相場も下がりましたので保証できる家賃も毎月○万円です。よろしければ契約しましょう。納得できないのであれば、家賃保証の契約は更新しません」ということになります。

結局は「家賃保証」と謳っていようとも「長期にわたって家賃を保証するものではない」のです。

しかし、大家さんになってみると、「あ、また空室がでてしまった……」と空室問題に一喜一憂してしまいます。その心配から解放されると考えれば、10%のサブリース料で精神的安定を買っているとも言えるでしょう。

おわりに～二つの大切なこと

ここまで読んでくださり、ありがとうございました。

最後に、私が最も大事だと思うことを書いておきます。

不動産投資において、いちばん大切なことは何か。

それは、「待つこと」と「小欲」（欲を小さく）ということです。

これは、自分自身が投資に失敗して、はじめて身にしみて実感できたことです。

逆にいうと、バブル絶頂と崩壊、近年ではリーマンショックを経験し、あらゆる不動産業者さんや投資家の栄枯盛衰を間近で見てきた私でも、自分が失敗しなければわからなかったことでした。

数年に一回程度、不動産市況において大きな波がくるたびに、プロ中のプロであるはずの多くの不動産会社や不動産ファンドが破綻を繰り返しています。

これは、投資物件の選別に失敗したのではなく、高値のときに多大な借り入れをし、大量に投資してしまったことが根本的な原因です。

では、これまでどういった人たちが、不動産投資によって成功したのでしょうか？

私は、単純に、「投資した時期がよかった人たち」だと思います。つまり、不動産の価格が非常に安くなったときによい立地で投資を始めたのが、彼らの最大の成功要因だったと。

不動産投資で長期的に成功するには、良い物件を選ぶことは不可欠ですが、それと同時に「いつ投資するか」ということがきわめて重要なのです。

しかし、ほとんどの投資家は、投資をすると決めたからにはできるだけ早く投資を実行したいと思うものです。つまり、誰もが「待てない」のです。

さらに、一つの投資が成功したときに、自分の能力（または資産的な余力）を超えて次から次へと投資金額（資産）を増加させていきたくなるものです。どんなに慎重な人でも、イケイケドンドン！　という心理になってしまうようなのです。

すでに年間の家賃収入が数百万円あり、暮らしには困らない段階にいたっても、人はもっと資産を増やしたいと思うものです。企業も同じです。不動産が高騰しているときにあえて増収増益を目指して拡大路線をとった企業は、前述のように多くが破綻しました。自らの投資がうまくいったときこそ注意が必要なのです。

誰しも投資がうまくいけば自分に才能があると思えてきます。そこで油断が生まれます。これが最大のリスクなのです。

この本の読者のみなさんには、決して焦ることなく最適な投資時期がくるまで、じっくり待ってほしいと思います。

次に、もし不動産投資で成功したならば、それは（逆説的な言い方ですが）、「自分は運がよかったのだ」と思ってほしいのです。

「投資」は、「運用」とも言い換えられます。「運用」とは、つまり運を用いるということなのです。みなさんが不動産投資で成功をおさめることができたのならば、その半分はご自身の努力だと思って間違いありません。しかし残りの半分は、運の巡り合わせがよかったからだと思うべきです。

なぜなら、一般的に投資において長期にわたって成功することは、きわめて稀なことだからです。本文で繰り返し述べたとおり、不動産市況も、みなさんの投資家としての運も、やはり良くなったり悪くなったりします。結局はサイクルを描くのです。

私の心にいつもある仏教の教えがあります。

それが、「小欲」です。

欲を小さくおさえることが幸せを得られる方法でもあるということを、「人生」だけではなく「投資」にこそ参考にすべきだと思います。

もしも、将来みなさんが不動産投資によって成功をおさめ、余剰資金が残るようになったならば、きっとどこかで人生の（運の）帳尻をあわせなければいけなくなるはずです。

儲かったときは、そのぶんを他人や社会に対して活かし、尽くしてみたらよいと思います。

これは決して道徳的、または宗教的な観点でお話ししているのではありません。

これこそが、賢明なる不動産投資家として幸せな人生を送るための最も大事なことだと、自身の体験から強く感じるからなのです。

この本を読まれて、自ら努力し、人と物件との縁に恵まれたならば、不動産投資家として一定の成功を収める方も出てくるでしょう。そのとき、この「待つこと」、「小欲」という二つの言葉を、少しでも思い出していただければ幸いです。

本書は、2009年8月に小社から刊行された
『お金を生み出す家を買いたい！』を加筆・改稿したものです。
巻頭口絵とコラムページの物件データは、2009年当時のもの
です。

WAVE出版

長谷川 高の本

新版 家を買いたくなったら

定価（本体 1400 円 + 税）
978-4-87290-514-4

若くても、焦らなくても必ず買える理想の家

タワーマンション、中古物件リフォーム、自由設計など、エリアと物件の選び方から、価格、買い方、住宅ローンまで、「幸せな住宅購入」に必要なことすべて。

家を借りたくなったら

定価（本体 1400 円 + 税）
978-4-87290-338-6

もっと豊かに賃貸生活を楽しめる！

理想の部屋に住みたい！　物件の情報収集から探し方、敷金返還まで、役立つノウハウを詰め込んだ一冊。

長谷川 高（はせがわ・たかし）

長谷川不動産経済社代表。デベロッパーの投資担当としてビル・マンション企画開発事業、都市開発事業に携ったのち1996年に独立。以来一貫して、個人・法人の不動産と不動産投資に関するコンサルティング、調査、顧問業務を行う。一方で、講演やメディアへの出演を通して、不動産の市況や不動産購入・投資術をわかりやすく解説している。著書に『家を買いたくなったら』『家を借りたくなったら』（WAVE出版）、『愚直でまっとうな不動産投資の本』（ソフトバンククリエイティブ）など。
http://www.hasekei.jp/

はじめての不動産投資

2013年8月6日第1版第1刷発行

著　者　長谷川 高
発行者　玉越直人
発行所　WAVE出版
〒102-0074 東京都千代田区九段南4-7-15
TEL 03-3261-3713　FAX 03-3261-3823
振替 00100-7-366376
E-mail : info@wave-publishers.co.jp
http://www.wave-publishers.co.jp/

印刷・製本　萩原印刷

NDC338 247P 19cm　ISBN978-4-87290-633-2